天堑变通途

南京长江大桥纪实

刘跃清 著

南京出版传媒集团
南京出版社

图书在版编目（CIP）数据

天堑变通途:南京长江大桥纪实 / 刘跃清著. --
南京 : 南京出版社, 2019.9
ISBN 978-7-5533-2653-5

Ⅰ. ①天… Ⅱ. ①刘… Ⅲ. ①铁路公路两用桥 - 建设
- 史料 - 南京 Ⅳ. ①U448.12

中国版本图书馆CIP数据核字(2019)第191137号

书　　名： 天堑变通途——南京长江大桥纪实
作　　者： 刘跃清
出版发行： 南京出版传媒集团
南　京　出　版　社

社址：南京市太平门街53号　　邮编：210016
网址：http://www.njcbs.cn　　电子信箱：njcbs1988@163.com
天猫1店：https://njcbcmjtts.tmall.com/　　天猫2店：https://nanjingchubanshets.tmall.com/
联系电话：025-83283893、83283864（营销）　025-83112257（编务）

出 版 人： 项晓宁
出 品 人： 卢海鸣
责任编辑： 崔龙龙　朱天乐
装帧设计： 赵海玥
责任印制： 杨福彬

排　　版： 南京新华丰制版有限公司
印　　刷： 江苏凤凰通达印刷有限公司
开　　本： 787毫米 × 1092毫米　1/16
印　　张： 12.25
字　　数： 150千
版　　次： 2019年9月第1版
印　　次： 2019年9月第1次印刷
书　　号： ISBN 978-7-5533-2653-5
定　　价： 48.00元

天猫1店　　天猫2店

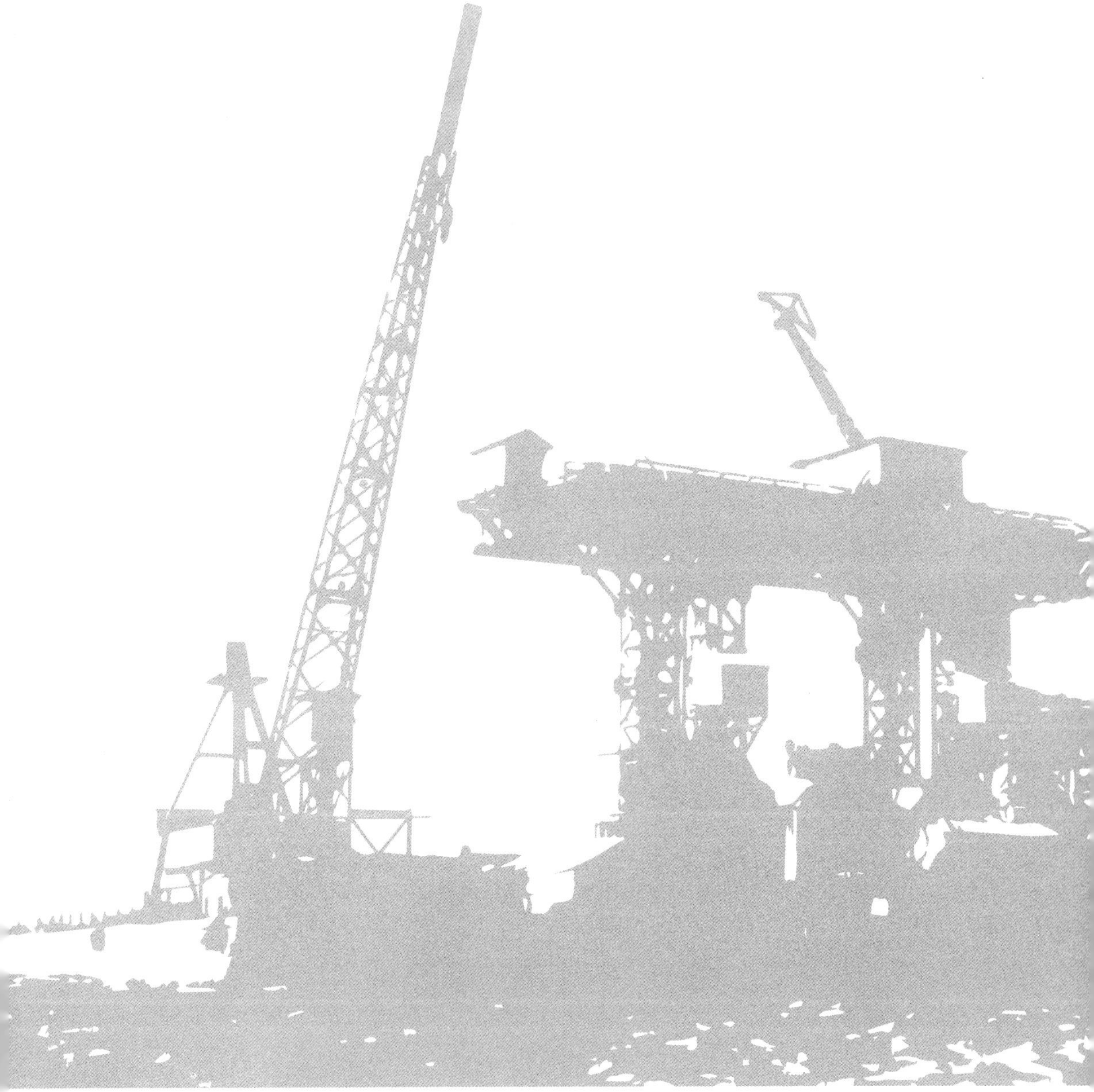

目　录

引　言

南京长江大桥是共和国一个时代的辉煌写照，是江苏的文化符号，南京的地标性建筑。

南京长江大桥的建造没有依靠外国人的力量，是由我国自行设计、自行施工建造的第一座双层式铁路公路两用特大型桥梁，当年以“世界最长的公铁两用桥”，被收入“世界吉尼斯纪录”。稍上了点年纪的人都能从记忆中搜寻到有关大桥的记忆，更多的人是从小学语文课本上领略过大桥的风采：“清晨，我来到南京长江大桥。今天的天气格外好，万里碧空飘着朵朵白云。大桥在明媚的阳光下，显得十分壮丽。”

大桥工程启动之初，就遇上我国“三年困难时期”，几经周折，几乎停滞，工人们一度上午施工，下午挖野菜，筚路蓝缕，历尽艰辛；此后，“文化大革命”爆发，参与南京长江大桥建设的主管人员和工程设计人员边顶住压力边奋战在工地上，解放军指战员也参加了大桥建设……建造南京长江大桥可以说是举全国全军之力，进行全国人力物力财力总动员。

南京长江大桥的建成完全靠我们自己“奋发图强，自力更生”，“领导、技术人员和工人三结合”，万众一心，众志成城，气贯长虹，发明、创造多项技术，填补了我国乃至世界桥梁建设史上的空白。如今，有些技术可能已经“落伍”了，但那种不畏艰难，自主创新的精神，对于今天我们昂首迈进新时代，创新创业，依然很有现实意义。

南京长江大桥将“天堑”变成“通途”，打通了因长江阻隔半个多世纪的京沪线，是继华中地区武汉长江大桥建成通车后，我国华东地区又一条“大动脉”的贯通，其经济、交通、战略意义极其重大。

南京长江大桥是一座时代丰碑，更是一座精神丰碑。在那激情澎湃、红色席卷的年代，从来没有哪座建筑像南京长江大桥那样既是威严神圣的政治象征，又与老百姓的生活息息相关；既高高在上，又贴近大众；既千里迢迢，又伸手可及；既陌生，又熟悉。纪念新中国成立60周年时，全国30多家报刊网络等主流媒体联合评选“大国印记：1949—2009中国60大地标”，南京长江大桥是仅次于天安门的标志性建筑。大桥曾是我国向全世界展示巨大成就的缩影，桥头堡大堡顶端代表“总路线”“大跃进”“人民公社”的“三面红旗”，是当年最高指示的象征；小堡顶端工农兵形象群雕，巍然耸立；大桥钢梁两侧高悬“伟大的领袖毛主席万岁”十个金色大字；桥头堡两侧当年镶嵌的是林彪的题词“大海航行靠舵手，干革命靠毛泽东思想”，后来全部换成“毛主席语录”，诸如“全国各族人民大团结万岁”“世界人民大团结万岁”“人民，只有人民才是创造世界历史的动力”“我们的国家是工人阶级领导的，以工农联盟为基础的人民民主专政的社会主义国家”等具有鲜明时代特色的标语；正桥铁栏杆上镶嵌200多幅集传统艺术的革命题材浮雕；大桥上150对玉兰花灯组和北京长安街上的灯同样造型；桥头堡下面的展示厅里，除了摆放有大桥的模型，还高耸着毛主席塑像，是艺术与政治的“神圣殿堂”，大桥上的几乎每一个部件、每一个细节、每一个符号都被赋予政治意义，与政治紧密相连。

另一方面，南京长江大桥作为一种符号融入人民生活的各个方面，有关大桥的图案在那个特定的历史时期如雨后春笋、争奇斗艳地出现在年画、画册、邮票、信封、镜子、茶杯、脸盆、碗碟、折扇、毛巾、床单、手绢、粮票、布票、饭票、豆腐票、热水瓶、收音机、明信片、饼干盒、香烟盒、旅行袋、蚊帐钩等等上面，出现在歌词、相声、电影里，是油画、国画、连环画的创作素材，更是神州大地城镇乡村照相馆里风靡一时的背景……雄伟的大桥堪称那个年代的“国民图案”。南京人性情淳朴真诚善良，俗称“大萝卜”，半个多世纪以来大桥以它的朴实、典雅、踏实、不事张扬的品质，已完全和南京这座美丽城市融为一体了。20 世纪六七十年代，南京的知识青年上山下乡离家时都要从大桥上走，或绕上一圈，泪眼婆娑中作别大桥，在每一个漂泊他乡的南京人眼里，大桥就是故乡的象征，就是乡愁的载托。在外乡人心目中，南京长江大桥是家喻户晓的“风景点”，他们来南京首先想到的是去南京长江大桥一游，了却“平生夙愿”，有带老人来的，有携小孩来的，有度蜜月的，有走亲访友的，有出差转道的……大桥上每天人流熙攘。即便不能下车，只能坐在火车上南下或北上，当车窗外火车撞击铁轨的声音变了，夜晚眼前灯火辉煌，掠过一根根钢梁，白天可以探头一望脚下滔滔江水，远处浩渺都市，心里不由得阵阵激动，啊，南京到了！南京长江大桥到了！也许这次不能脚踏大桥从上面走一走，伸手摸一摸大桥栏杆，但能打大桥经过，也是一份难得的欣喜，也能弥补一份美好的渐已泛黄的记忆。

1972 年，意大利著名导演安东尼奥尼受周恩来总理之邀，来我国拍摄纪录片《中国》，他竟然“敢”把我们伟大的、引以为傲的南京长江大桥拍得歪歪斜斜，还有一个解放军战士在桥下晾裤子的镜头！这引起中国人民的无比愤慨，国人义正词严提出：雄伟壮丽的南京长江大桥不容丑化！安东尼奥尼是从纪录片艺术的角度考虑：“人人所知道的，我不拍。”那时候国人的心情可以理解，由于贫穷落后，更想昂首挺胸，想向世界展现光鲜靓丽的一面，就如那个年代我们普通人家照相、走亲戚要穿上没有补丁、最好看的衣服一样。家里实在没有，就向邻居借，甚至还要借块手表戴上，那可是关乎面子的事！人们批判安东尼奥尼“恶毒用心”“卑劣手法”，不光在内容上不走社会主义“康庄大道”，而且在表现形式上，也玩弄一些“新现实主义”的“雕虫小技”，当年有这么一首儿歌：红小兵，志气高，要把社会主义祖国建设好。学马列，批林彪，从小革命劲头高。红领巾，胸前飘，听党指示跟党跑。气死安东尼奥尼，五洲四海红旗飘……国人批判安东尼奥尼的活动持续将近一年时间，发表难以数计的批判文章，仅 1974 年 2 月和 3 月间发表的部分文章就结集成了一本 200 页的书。

现在我们国家富强了，实现中华民族伟大复兴的中国梦从来没有像今天这样离我们如此之近，人民的生活水平、思想认知、审美观念、价值取向、精神追求、心理自信都发生了翻天覆地的变化。现在人们再看安东尼奥尼拍摄的《中国》，只会引起唏嘘不已的慨叹，发出轻松会意的笑声。

南京长江大桥建成通车已过去半个多世纪了。今天，我们在祖国山川大地上建造出成千上万座千姿百态的大桥，有钢桥、拱桥、混凝土桥、悬索桥、斜拉桥，有世界上最长的桥——丹昆特大桥，全长 165 公里；有世界上最高的桥——北盘江大桥，从江面到桥面高 565 米；有世界上技术最复杂、最长的跨海大桥——港珠澳大桥，全长 55 公里……仅长江上至今已建成和在建的就有 138 座桥，然而，从来没有哪一座桥能如此牵动国人的心，让人们凝眸遥望，心旌摇荡。我们对于南京长江大桥的感情如滚滚长江水，大桥巍然立，几度夕阳红。

一、此岸与彼岸

“夜间不渡，大雾不渡，涨潮不渡，台风不渡”。南京火车轮渡，曾被评选为1927—1937年，十年间中国“十大工程”之一。

“你从雪山走来，春潮是你的风采；你向东海奔去，惊涛是你的气概。你用甘甜的乳汁，哺育各族儿女；你用健美的臂膀，挽起高山大海……”浩荡长江，源于我国西北素有世界屋脊之称的青藏高原，全长6380公里，由西向东，流经11个省、市，始为涓流，不弃细水，有容乃大，心无旁骛，志在沧海。初称金沙江，崇山峻岭，深谷沟壑，激流奔涌，涛声裂岸。过宜宾，名长江，携岷江、嘉陵江及众多有名无名之溪涧泉水，曲折萦回，搏沙击浪，汹涌澎湃，“十二巫山见九峰，船头彩翠满秋空”“两岸猿声啼不住，轻舟已过万重山”，奔腾出川。出三峡，汇合湘、鄂、赣诸水，白浪滔滔，波澜壮阔，直逼皖口，涌入天门。今芜湖东梁山与裕溪西梁山，古时合称天门山，唐“诗仙”李白云：天门中断楚江开，碧水东流至此回。两岸青山相对出，孤帆一片日边来。描绘的就是这一胜景。此后，星垂平野阔，月涌大江流，江面豁然开阔，这段江面正是《禹贡》所谓的中江，亦名扬子江，古称“天堑巨浸”，即长江南京段。

隋唐时期，贬抑金陵，改名上元县，属润州（镇江）管辖。在当涂慈湖和江宁铜井之间江边的慈姥矶上置有界碑，碑文云：“北、润州上元界；南、宣州当涂界。”因这段江流呈西南向东北走势，故古代对江两岸有“江东、江西”，“江左、江右”之称，亦称江南岸、江北岸。

长江南京段江南岸从江宁铜井入境，经三山矶、大胜关、上新河、北河口、三汊河至下关，复转向东流，于栖霞区营防镇出境。江北岸从浦口乌江镇入境，上接安徽和县石跋河，经桥林、九洑洲、浦口、长芦、瓜埠，于六合区龙袍镇乌鱼洲出境。洲尽江合，其下游为江宽势险的黄天荡。

地拥金陵势，城回江水流。自古以来，长江就是金陵城池的天然屏障，东吴黄龙元年（229），孙权定都建业，开始了南京作为都城的历史。此后，东晋、宋、齐、梁、陈等朝代相继定都南京。六朝的繁华，得以偏安360余年，很大程度上源于长江天险。古时，自凤台山南（今集庆门）迤西，过石头城而北，直至卢龙山、幕府山一线，皆江流所经，断崖峭壁，浪遏高岗，宛如城垒，易守难攻。据《建康实录》载：“魏黄初三年（222）九月，文帝曹丕领兵十万，从广陵来攻建康，兵临北岸。”又据《三国志·吴书·孙策传》：“是岁地连震”裴松之注引《吴录》：“是冬魏文帝至广陵，临江观兵……帝见波涛汹涌，叹曰：‘嗟乎，固天所以隔南北也。’”孙权部将徐盛受命设计筑围，围上设假楼，浮航江中。张鼓于幕府山，且“缚草为人，衣以甲胄”。旌旗猎猎，战鼓阵阵，喊声如雷，致使魏文帝临江不敢渡，只得遁走寿春。途中，被吴将高寿狙击，丢弃辎重无数，落荒而逃。刘宋元嘉二十七年（450）十二月，北魏太武帝拓跋焘率重兵至瓜步，浩浩荡荡，欲渡长江。宋文帝刘义隆指挥若定，坚持战和并用，一面内外戒严，竭力备战；一面遣使过江，赠物示好，北魏军队于翌年正月不战而退。“六朝如梦鸟空啼”，历史舞台上你方唱罢我登场，陈叔宝荒淫亡国，李后主国破家亡，金兀术兵败黄天荡，陈友谅中计龙江湾，太平军鏖战九洑洲，雪夜楼船，江水滔滔，无不尽显南京“长江锁阴，南北枢纽”之险要。

远去了刀光剑影，暗淡了鼓角争鸣，历史的长河流到了清代末年，世界列强的侵略势力渗透我国各个领域，比如海关、矿山、邮政、盐务，铁路更是他们觊视和掠夺的重点。

清光绪二十九年（1903 年）五月十三日，盛宣怀和英国中英银公司（汇丰银行和怡和洋行联合组成）代表碧利南签订《沪宁铁路借款合同》，借款 325 万英镑，修筑宁沪铁路；清光绪三十四年（1908）六月，全线竣工；同年十一月二十二日，正式通车。当时上海到南京的火车需要 10 个小时。沪宁铁路通车时设立了“沪宁铁路管理局”，即上海铁路局前身，名义上由华人主持局务，实际管理权在英国人手中，直到 1928 年后才由国民政府铁道部逐步收回。

宣统二年八月（1910 年 9 月），清政府督办津浦铁路大臣徐世昌和英、德银行代表在北京签订《津浦铁路续借合同》，前后两次借款总额达 980 万英镑，实际只付款 90%。合同规定铁路工程得由英国人、德国人担任总工程师。津浦铁路于 1908 年动工，1911 年建成，1912 年全线贯通。由于英、德在中国的势力范围不同，津浦铁路沿线各车站建筑风格也各异，以山东韩庄为界，往北为德国人控制，各车站建筑风格呈德式；以南为英国人控制，各车站风格为英式。津浦铁路的终点站，浦口车站亦为英式风格，据说是由 28 岁的中国工程师王佐卿担纲设计的。于 1911 年动工兴建，1914 年建成使用，站房坐北朝南，3 层砖混结构，大小 62 个房间。屋顶有脊，以瓦楞覆盖，上层为办公用房，下层作客运售票、问询、候车之用。整栋房屋呈米黄色，堂皇气派，单柱伞形长廊通向月台，拱形雨廊一直铺到轮渡码头。

如今，浦口火车站已是拍摄电影、电视剧的取景胜地，是最具民国风情的“百年老火车站”。浦口火车站见证过太多的悲欢离合与沧桑往事，朱自清笔下“父亲”翻越月台栅栏，留下微胖、迟缓的背影；湖南青年毛泽东在此处茫然四顾的困顿与狼狈。当年湖南留法学生从北京出发，到上海乘轮船赴法国，毛泽东替他们筹集旅费并送行，待到达浦口后，陷入困境，因买不起继续前往上海的车票，他遂在车站的硬木椅子上睡了一觉，醒来发现自己仅有的一双旧布鞋被人偷去了。

毛泽东又饿又冷，光着脚走出车站，在通往江边的拱形长廊来回徘徊，挨近中午，终于遇见一个叫李中的乡友，他乡遇故知，危难始化解。1911 年辛亥革命后，民军攻克南京，清廷两江巡阅使张勋北逃时竟将浦口站机车车辆洗劫一空，致使津浦铁路南段无车可开。1927 年，国民革命军攻占浦口，孙传芳、张宗昌的直鲁联军大肆掠夺机车车辆，据为己有。抗战初期，日军对浦口狂轰滥炸，浦口站场设施化为废墟，站屋大楼多处中弹，只剩下突兀的钢筋水泥骨架……1929 年 5 月 26 日，迎接孙中山灵柩的列车沿津浦铁路南下，经停 33 个大小车站，于 5 月 28 日抵达浦口，当年的列车共有 12 节车厢，车厢上书写总理遗嘱。灵柩由“威胜”号军舰渡过扬子江面时山河呜咽，天幕低垂，万人空巷。早在一年前，1928 年 8 月 8 日，为了确保孙中山先生奉安大典在 1929 年 6 月 1 日如期完成，南京特别市政府在“首都建设委员会”之下成立“首都道路工程处”，专门负责修建长约 12 公里的迎榇大道，从下关江边起，经挹江门、中山桥、鼓楼、新街口、逸仙桥，至中山门与陵园大道连接。为纪念一代伟人中山先生，国民政府下令将迎榇大道命名为中山大道，沿线道路、码头、桥梁、城门也分别以孙中山先生的名字或号命名，于 1900 年左右建成的下关客运码头由此更名为中山码头。1949 年 4 月 23 日，第三野战军（华东野战军）第三十五军军部在浦口车站召开紧急会议，决定部队即刻渡江，晚 8 时部队由下关码头进城，胜利的红旗迅速插上总统府。25 日，邓小平和陈毅由合肥到达浦口火车站，当夜过江，驱车进驻总统府。南京解放的捷报传到北平，毛泽东挥笔写下不朽诗篇《七律·人民解放军

在浦口迎接总理灵柩的威胜号兵舰

占领南京》："钟山风雨起苍黄，百万雄师过大江。虎踞龙盘今胜昔，天翻地覆慨而慷。宜将剩勇追穷寇，不可沽名学霸王。天若有情天亦老，人间正道是沧桑。"

宁沪线和津浦线虽已通车，但此后多年，江北浦口与江南下关由于天堑长江的阻隔，南来北往的火车到此，只能汽笛长鸣，隔江相望。两岸客、货过江，只有靠渡轮，尤其是货物转驳，来回装卸搬运实在耗时费力，而且还增加物品破损率。当年过江轮渡鼎盛时期，穿梭于江北津浦码头和江南下关的渡轮有4艘，日航50次，日载客量1万余次，还是不堪重负。

1912年元旦上午10时，沪军持枪列队，礼炮齐鸣，孙中山来到南京就任中华民国临时大总统，上任不久即颁布命令，指出："富强之策，全藉铁路交通，亟宜从速兴筑。"其卸任临时大总统后，接受"筹办全国铁路全权"的铁路督办职务，对中国近代铁路建设进行高瞻远瞩的思考，提出较为完整的铁路建设构想。中华民国铁道协会成立时，他亲自担任会长，在铁道协会的演说中强调了铁路建设的重要性："今日之世界，非铁路无以立国。"他提出了"交通为实业之母，铁路为交通之母"的著名论断。他在《建国方略》中这样评价南京："其位置乃在一美善之地区。其地有高山、有深水、有平原，此三种天工，钟毓一处，在世界中之大城市，诚难觅此佳境也。南京将来之发达，未可限量也。"1919年8月，孙中山在《建设》杂志上发表《实业计划》，将浦口列为建设重点，"南京对岸浦口，将来为大计划中长江以北一切铁路之大终点"，拟在南京与浦口之间建过江隧道。

1927年，国民政府定都南京。1928年，国民政府从英国人手里收回宁沪线的经营管理权后，开始谋划火车过江的问题。1930年，国民政府根据《首都计划》建设，铁道部以10万美元重金聘请外国桥梁专家约翰·华特尔，对下关、浦口间建桥做了考察，得出"水深流急，不宜建桥”的结论。10 月，国民政府铁道部“下关浦口铁路轮渡设计专门委员会”，决定采用铁道部设计科科长郑华提出的“活动引桥”轮渡方案。

活动引桥根据历年长江两岸水位涨落差记录 14.872 米而设计。两岸引桥采用活动式，随水位升降高低调节，最大坡度为 26‰。南北两岸各设一座引桥。桥梁按古柏氏 E50 载重级设计。古柏氏为当时国际通行的一种桥梁荷载，等级越高，荷载越重。南岸位于下关煤炭港，北岸位于津浦 10 号码头下游 300 米处。每座引桥由 4 孔穿式桥梁组成，全长 187.13 米。除临江一孔长 45.4 米，其余每孔长 46 米。桥高 7.75 米，宽 6.2 米。临江桥端铺设 3 股轨道，可与船上轨道相接，其宽度为 14.44 米，呈喇叭状。桥端设有活动跳板，长 17.1 米，接于横梁上，用 20 马力电机驱动，与船头铁栓连锁，以便桥与船的轨道相联结。南北两岸接轨线路由津浦、京沪两路局承办。下关岸接轨线路总长 1509 米，铺设 4 股道。因地势局促，轨道呈曲线，半径为 332.7 米。浦口岸线路总长 2952.9 米，铺设 6 股道，为直线。

火车轮渡设计长 113.3 米，宽 17.86 米，载重量 1550 吨，满载吃水 3.25 米，航速 12.25 海里每小时，舱面铺轨 3 条，各长 98.43 米。全船可载 40 吨货车 21 辆或客车 12 辆。船后端设移动平台。车台长 13.78 米，备调车机车 1 台，可左右移动与任何股轨道连接，以取送各股道之车辆。船体前后左右各设一水柜，用于注入或排出水，以保持全船重量的平衡。轮渡由英国马尔康洋行承造，定名“长

轮渡上的列车车厢

为南京轮渡通车剪彩的杨秀琼女士

江”号，1933 年 8 月驶抵南京交付使用，所用钢轨、枕木、钢梁全部从英国进口。

铁路轮渡工程所需费用主要来源：借庚子赔款 22 万多英镑，借国内工程款 4 万英镑（合国币 58 万余元），铁道部拨款 25 万元，借津浦路局 6 万元。这些借款用于购火车轮渡 1 艘，0-4-0 式机车 1 台，挖掘泥船 1 艘和两岸引桥建造。

1933 年 10 月 22 日，火车轮渡正式通车，当时万人空巷，盛况空前，国民政府主席林森亲自到场祝贺，刚刚获得第五届全国运动会游泳冠军的杨秀琼女士应邀剪彩。南京火车轮渡，曾被评选为 1927—1937 年，十年间中国“十大工程”之一。有日本记者在《读卖新闻》上称其“美轮美奂，东亚无双”。

火车轮渡工作原理简单，渡轮上铺有铁轨，通过“升降引桥”、栈桥和岸上的铁路线连接。“活动引桥”一端如同铰链般与栈桥上的轨道连接，另一端随着水位高低升降与渡轮上的轨道相接，机车可顶着列车直接驶上渡轮。渡轮上有 3 股轨道，可容货车 21 节车厢或客车 12 节车厢。列车从上船、过江，再到上岸、编组，一次作业需要 2 个多小时。尽管有诸如“夜间不渡，大雾不渡，涨潮不渡，台风不渡”等限制，但与原来货物转驳装卸来回折腾一两天相比，确实方便多了。

1934 年，国民政府铁道部开通了上海至北平（即北京）的直通车，全程 34 小时，旅客乘火车由上海到北平，经过南京铁路轮渡，中途无须上下车。那时候乘这趟车出行乃时尚之举，很多“富二代”“官二代”新婚就选择乘坐“沪平直快”做蜜月旅行。南京轮渡所、下关一带是南京城的门户，水路交通的交会点，抗战前是名噪一时的大马路商埠街，邮局、银行、猪行、牛行、鸡行、米行，南京有名气的天成绸布店、大观园浴室、大世界剧院等集中于此，整天人声鼎沸，车水马龙，铃声叮当，蹄声嗒嗒，“南有夫子庙，北有大马路”说的就是当年景况。

铁路轮渡栈桥

1937 年 12 月，日军侵占南京前夕，“长江”号渡轮，连同拆除的部分设备，撤到湖北宜昌石牌附近，卸下器材后自沉（一说是被日军炸沉）。

日伪时期，1938 年初日军铁道队使用无动力驳船 2 艘（一艘可载 15 吨货车 7 辆，另一艘可载 4 辆），上铺轨道，以小火轮拖引，日渡 4 次。1943 年，从上海江南造船厂定购“金陵丸”第 1、第 2 渡轮，轮换间歇航行，日渡 12 次，夜间大多停开。这一时期，日军将中山码头到中山桥的中山路以东，从中山桥一直到老江口的惠民河以北的大片地区，建设成军事补给和转运港口——南京淀泊场。这片区域的建筑除邮局、银行等较为坚固的建筑外，其他房屋一律拆除。从此，下关轮渡一带瓦砾遍地，凄惨萧条，人们脸色凝重、脚步匆匆地过江，背景是寒鸦数声、灰蒙蒙的昏暗天空。

抗日战争胜利后，国民政府交通部将两艘渡轮分别更名为“南京”号和“浦口”号，开始两轮航行，日航 16 次左右。1949 年 1 月，“南京”号驶往上海大修。为防止渡轮被溃败的国民党军队劫持去台湾，该船总船长下令打开舱底阀门，自沉黄浦江。

1949 年 4 月 22 日夜，渡江战役中，在中共地下组织的联络下，铁路轮渡工人先后开出烧煤炭的小火轮及“浦口”号接运解放军指战员渡江。战役结束后，邓小平、陈毅就是从浦口火车站前的长廊来到江边码头，乘坐小火轮过江，抵达中山码头上岸，然后换乘吉普车进驻总统府。南京解放后，轮渡所由“首都铁路轮渡所”改名“南京长江轮渡管理所”，仅“浦口”号单轮航行，日航 20 次，并曾创下日航 25 次的好成绩。1950 年，“南京”号打捞后修复投入航运，双轮日航平均 48 次。1958 年和 1959 年先后新造“上海”号蒸汽轮、“江苏”号、“金陵”号（“文革”期间曾改名“北京”号）内燃机轮，昼夜保持 3 轮航行，日均 120 渡次，渡车千余辆，曾创下日航 155 次、渡车 3414 辆的最高纪录。1961 年，轮渡所划归上海铁路局管理，其为局辖两个处级单位之一，另一个是上海站。那时出入轮渡所的职员，一身挺括制服，不亚于今天的影视明星。

1968 年 10 月，南京长江大桥建成后，火车过江由两个小时变为两分钟，客车及直通货物列车均从大桥通过，有 70% 的过江货物仍由轮渡接运，此后慢慢缩减。1970 年 7 月，轮渡所一度停航。1973 年 5 月，南京长江大桥及新的枢纽配套工程相继建成，南京轮渡封闭停航，但作为战备单位，轮渡可在 3 小时内恢复工作，能让火车顺利通过长江。1984 年，南京轮渡所撤销，部分人员设备组成芜湖轮渡所南京综合车间。如今，南京轮渡公司隶属于南京交通集团。

以上是南京长江大桥建成前长江两岸的交通航运情况，今天浦口车站、中山码头、下关江面已繁忙不再，滨江风光带已成南京重点打造的一条城市景观线。曾经厂房林立、杂乱无序的江岸线，经过大力清理，成了一条贯穿南北的“绿色项链”，人们可以在上面散步慢跑骑车。春风拂面，江水鉴人，轮船游弋，景点罗布，风光旖旎，寂寞花开，才半个多世纪光景就滋生出“朱雀桥边野草花，乌衣巷口夕阳斜”，欲说还休的沧桑情韵。

二、完美与缺憾

南京长江大桥修改方案报省市和铁道部领导，以及国务院后，公路行车道宽度由 18 米改为 15 米，6 车道改为 4 车道，比武汉长江大桥少 3 米。

新中国成立后，从1949年到1958年，浦口和下关码头之间的轮渡已提高到每日100渡左右，仍不能满足运输需求。1958年，中共江苏省委曾向中央打报告，申请修建南京长江大桥，当时积压在江北渡口的物资常年达到10万余吨，预计到1962年亟待过江的物资将超过轮渡运力的11倍强。铁路运量激增，轮渡的渡运能力已达极限。当时上海发电用煤量大，而煤储备有限，大多数时候只够用两周，经济与工业中心的上海一旦缺煤少电，后果不堪设想。这时，长江已成为京沪铁路的严重瓶颈。因此，国务院在第一个五年计划末期，提出修建南京长江大桥的计划。

关于大桥选址，据南京城市建设档案馆和江苏省档案馆相关文件记载，当年有7个方案，其中4个方案选择在安徽芜湖，有3个方案选址南京，分别在宝塔桥、下三山和煤炭港。最初倾向于芜湖，后来考虑到芜湖所选地址均不在市区范围，而且芜湖当时只是一个22万人的中等城市，所以有113万人口的南京胜出。

时任大桥局勘测设计院院长杨电雷回忆：1956年，铁道部设计总局大桥设计事务所接受了编制长江下游大桥设计意见书的任务。我们向江苏、安徽两省及有关市领导和部门征求意见、搜集资料后，踏勘了芜湖市的弋矶山、广福矶、四褐山及东、西梁山桥位，南京铁路轮渡的下游桥位以及镇江桥位，并对广福矶、四褐山及南京大桥现桥位部署了勘测工作。为便于开展工作，南京市人民委员会副秘书长洪百川特拨出位于宁海路的一栋二层楼房，作为长江下游大桥设计组的办公地点。我们的调研工作进行了半年，回到北京后即进行资料整理和设计文件编制工作。根据各勘测点了解到的地形、地貌、水文、地质、气象资料. 交通运输的要求，以及国家政治、经济、军事上的需要和影响，经过综合分析研究，我们提出了以南京大桥现在的桥位作为长江下游大桥的推荐桥位。

大桥局原副总工程师邹义章回忆：在选择南京大桥桥址时，曾将下三山、煤炭港和宝塔桥三个桥址方案进行反复比较。下三山在宝塔桥上游 25 公里，煤炭港在宝塔桥上游 900 米处。宝塔桥，由于南京车站与林场车站之间的线路最短最顺便，桥址在下关江面狭窄段下游，江面逐渐展宽，冲淤平缓，两岸较稳定，距市区仅 2 公里，位置适中，优点较多，故作为建议桥址。

20 世纪 50 年代，武汉长江大桥的建设和南京长江大桥的设计几乎是同时进行。1956 年 5 月 31 日，毛泽东在视察武汉长江大桥工地时，时任铁道部大桥局局长与总工程师彭敏向毛泽东汇报武汉大桥的建设情况。彭敏，1918 年 10 月出生于江苏徐州，1936 年 9 月参加革命，1950 年，曾参加“全国第一届战斗英雄和劳动模范代表大会”，一辈子从事铁路、桥梁工作；抗美援朝战争中，他率领铁道兵团一师在美军的狂轰滥炸中抢修铁路，号称打不垮的运输线；1983 年 4 月从国家计划委员会副主任岗位上离休，2000 年 3 月 6 日去世。毛泽东问彭敏：“长江上我们还要修那几个桥？”

彭敏回答：“在第二、第三个五年计划里有南京长江大桥、重庆长江大桥和芜湖长江大桥。”

毛泽东手一挥，很有气魄地说：“将来长江上修上二十个、三十个桥，黄河上修几十个桥，到处能走。”

毛泽东又问："以后在长江上建大桥不请苏联专家行不行？"

彭敏肯定地回答："完全可以！"

毛泽东听了点头，表示满意。

武汉大桥的设计、施工是在苏联专家的帮助下进行的，当时中共和苏共两党的分歧已现端倪，以后还能不能合作很难说。同样的问题，毛泽东还问过武汉市委书记王任重、大桥局副局长杨在田，得到的回答都是肯定的。时任铁道部副部长吕正操也问过大桥局领导："不请外国专家顾问，中国人自己能不能建好这座大桥？大桥局如果有困难，可以集中全国的技术力量嘛。要有自力更生、奋发图强的精神！"

"自力更生、奋发图强"逐渐成为南京长江大桥建设的基本指导思想。

国务院指示两年半内建成南京长江大桥，1956 年 5 月开始草测，同年 12 月，草测工作完成。1957 年 8 月，编就大桥设计意见书呈送铁道部审查。大桥局局长彭敏采取很开明、很有创造性的做法，邀请国内几个与桥梁工程有关的科研单位和高等学校，共同编制大桥设计方案，大桥局也定制一套方案，然后请专家对两套方案进行评比。参评单位负责人和专家们感到受益匪浅，经过反复比较、论证，最后大家认为大桥局的方案可行。大桥局组织成立南京长江大桥技术顾问委员会，由分别来自同济大学、中国科学院、地质研究所、哈尔滨工业大学、大连工学院等单位的著名桥梁工程专家学者李国豪、张维等人参加设计工作，大桥局总工程师梅旸春主管设计工作，并商请工程地质研究所派地质专家谷德振前来主持初步设计勘探工作。

谷德振来宁了解相关情况后，决定选定桥址的中线和上、下游约 50 米处三条线上，交错布置钻孔，依据江中 20 个左右钻探岩心的钻孔，能粗略绘出确立可能墩位的地质纵、横断面。钻探在 3 个月内完成，获得了初勘资料，结合打量勘探资料和历史数据，基本确定长江南京段地质是稳定的，升降幅度很小，对工程没有什么影响。江水和覆盖层地下水对混凝土没有腐蚀性。江岸在1954年特大洪水后，由于两岸修筑了沉排防护工程，长江主流已基本稳定。

1958年12月30日《新华日报》对勘测工作进行报道：昨日，参加南京长江大桥建设的勘测人员，在桥址附近钻完了第四十四个孔。至此，为桥初步设计提供地质资料的初勘工作已告结束。南京长江大桥桥址的勘测工作，是在今年9月21日开始的。参加勘测的人员除了少数钻探工曾经参加过武汉长江大桥勘测、建设工作以外，绝大多数都是新手。在勘测工作中曾经遇到许多困难。为了加快钻孔进度，勘测人员从11月份开始，展开一个轰轰烈烈的高产竞赛运动……一位勘测队员在诗中写道："江上锣鼓送捷报，心潮更比浪潮高。初勘任务早完成，好让长江早飞桥。"

大桥局第六勘察工作人员马桂陵回忆：我于1958年秋被派到铁道部大桥工程局南京长江大桥第六勘察队，是第一批大桥建设者。当时江面上由东向南向北有三台水上钻井平台，每台配有三班人，二十四小时不停作业。所谓的钻井平台是由两只木船组合而成，铺上厚厚的木板，竖起塔架，安装好钻机，形成了一个简易的水上露天平台。上下班、吃饭有南京长航局098拖船提供一切保障。我们主要是为后面大桥全面施工提供必需的技术支持，当好大桥地质岩层的先行官。我至今清楚记得，在3号钻井平台上，位于长江主流航道7号桥墩处，那里水流湍急，波涛汹涌，加上风吹浪打我就感到头晕眼花，呕吐犯病。雨雪来临，大家只能穿上雨衣，脚穿胶靴，浑身被雨水淋透，为防止意外，还得穿上救生衣。最艰难的是7号桥墩的位置勘察，3号平台在7号桥墩位置处抛锚定位后，几乎没挪过窝，由于那儿地质情况复杂，钻了左一孔右一孔，补了一钻又一钻。有时竟钻到岩层底下40余米之处，几乎把7号墩所有面积都光顾了一遍，还是"不识地层真面貌，只缘留在此墩中"。在那一停留达三年之久。

杨电雷回忆：勘测结束，我们在文件编制时，一天，接到上级通知，要我到铁道部铁道科学研究院茅以升院长办公室领取一份资料。这是侵华日军占领南京时，盗取一份我国关于南京下关建设过江隧道的方案图和资料。新中国成立，日本有关人士为表示对战争罪行的忏悔，将这份资料交还我国政府。我将这份资料交请铁道部国际联运局一位朝鲜籍翻译译成中文，作为我们设计工作的参考。按当时要求衡量，这份资料还不够设计意见书水平，但侵华日军在占领南京期间曾企图实施这项浩大工程，妄图永久霸占中国的野心，给我留下深刻印象。

1958 年 8 月，铁道部明确指示南京大桥的设计和施工由大桥工程局负责。9 月，成立南京长江大桥建设委员会，江苏省省长惠浴宇任主任委员，南京市市长彭冲、大桥局局长彭敏、江苏省交通工作部部长王治平担任副主任委员。

建设武汉长江大桥采取的就是这种组织形式，符合我国国情，能尽可能最大限度地争取当地党政领导的支持与配合。事后证明确实如此，1960 年初大桥建设开工后，我国国民经济极其困难，很多由国家拨款的工程先后下马了。在此情况下，江苏省、南京市政府千方百计解决建桥职工们的生活困难，有力支持了大桥建设。

1960 年 1 月南京长江大桥主体工程开工

1958 年 10 月到 1959 年 5 月，大桥局先后在武汉、南京召开过三次协作会议，邀请了科研、教育、工厂、工程等各方面的专家数百人参加，就桥梁结构、地质、施工、基础等多个方面展开深入讨论。

1958 年 10 月底，在武汉召开长江三大桥建设第一次协作会议结束的当晚，大桥局长彭敏就带领由总工程师梅旸春、局勘测设计处总工程师王序森、大桥局二桥处处长刘麟祥和翻译郝崇骥等五人组成考察团，赴苏联访问交流。当时武汉长江大桥的建成，在苏联亦引起很大反响，苏联运输工程部极力邀请我国派桥梁考察团赴苏介绍经验，希望能进一步增进合作。在协作会议上，建设南京长江大桥的技术难题都谈到了，有许多技术问题还需要探索、引进国际上的先进技术。当时，西方资本主义国家对我国实行技术封锁，只有苏联还没有完全断绝联系。虽然，中共和苏共两党关系已出现裂缝，但是两国人民以及前几年经济建设合作的友谊还在。彭敏决心抓住这个有利时机，争取得到苏联技术上的帮助。

考察团人少而精，可以说是当年我国桥梁界的精英，他们对南京大桥的建设方案了如指掌，对我国缺乏的技术和施工机械也很清楚，所以整个行程很有针对性，能做到有的放矢。他们考察了苏联预应力混凝土梁的应用和发展状况，并索取了技术图纸和资料。还参观学习了多项新技术和新型机械，包括十几项新型桥梁机具，如：扩大桩尖钻机、BPY250 型振动打桩机、BPP1、BPP5 振动打桩机、双线曲线架桥机、自动化点焊机、折叠式脚手架等，像大桥公路路面用的陶粒混凝土预制板的技术也是这次从苏联取回来的经。专家们将这一技术资料送给上海建筑科研所，研制出陶粒混凝土技术，在南京大桥上试验成功。其混凝土质量轻，可大大减轻钢梁负荷。中、苏专家在对南京大桥工程交换看法时，苏联专家组代表金柯连科坦诚表示，建设这样的大型桥梁他们也没经验。

此次赴苏考察团还有一项额外收获，就是购置了一台电影摄像机。由于苏联方面的热情接待，在食宿上花钱很少，局长彭敏用考察团节省下来的生活费，请苏联专家西林帮助购买了一台小型电影摄像机。正是用这台机器拍摄了《南京长江大桥基础施工》《60 米预应力梁》等 26 部科教纪录片，为国家保留下一批珍贵的技术资料。

武汉长江大桥在开放之初，公路桥上终日挤满走动的人群，行人明显地感到大桥有较大的侧向晃动，但火车过桥时，晃动很快变小，火车通过约 10 分钟后，晃动又逐渐变大。经过多位专家论证分析，认为是行人造成钢梁振动，是通车初期才有的状况，后来再也没有那么多人密集过桥了，情况恢复正常。在设计建造南京长江大桥时，就充分考虑到汽车、人群动载情况下，钢梁的材质和跨度，如何做到最大限度地防振、抗振。

时任大桥技术顾问委员会主任委员李国豪回忆：武汉大桥在举行建成通车典礼时发生明显晃动，挤在桥上的人都有感觉，当时谁也说不清原因，苏联专家也不清楚原因。武汉大桥的主梁宽度，即左右两片主桁的间距为 10 米，其间净空足够双轨列车通过。在确定南京大桥的设计方案时，为了安全起见，主梁的宽度采用 14 米，比武汉大桥增宽 4 米。

南京长江大桥建设远景

李国豪对武汉大桥的晃动一直放心不下，即使在“文革”中被隔离期间仍悄悄做模型试验和数字计算。1974 年，他在一次由大桥工程局举行的全国钢桥振动会议上，报告了研究结果：武汉大桥的晃动，是由于桥上挤满的人群的动力作用产生的扭转和水平弯曲耦合的振动，大桥的刚度和稳定性都没有问题。如今武汉大桥已使用多年，先后几次全面检查，情况良好。

南京长江大桥的建设从立项、到选址、规划、设计、施工、安全、保卫等，每一个方面都经过反复研讨、勘测、论证、试验，并且当时集全国最强最先进的技术、施工力量，力求精湛完美，无愧后人，大桥可以说是一座跨世纪的最优质工程（1985 年获国家科技进步特等奖），尽管如此，还是留下一些遗憾。

关于大桥的高度。为保证桥下能通过万吨海轮，大桥原设计净空高度为 26 米。根据“吴淞高程系统”（采用上海吴淞口验潮站 1871—1900 年实测的最低潮位所确定的海面，作为基准面，所建立的高程系统），按历年水文资料，最高通航水位 +8.27，至弦杆底为 24 米，能保证当时最大载重的轮船直达武汉。铁道部会同交通部，在交通部部长王首道的主持下进行讨论时，采纳了 24 米的方案。海军和航运部门提出不同意见，时任国务院副总理邓小平指示进行调查。大桥局派了几位工程师对各种船舰的高度进行了实际丈量，将数据报给铁道部部长吕正操，由邓小平召集有关部门的同志商议，确定净空维持 24 米。航运部门仍有不同意见，情况反映到国务院。总理周恩来指示把意见归纳起来，制作一个南京长江大桥的模型，放置在人民大会堂。周恩来召集李富春、薄一波、罗瑞卿、李先念等中央领导同志和铁道部、海军及航运交通部门的负责同志一起听取了大桥局的汇报。周恩来最后拍板决定，净空维持 24 米，以后如果再有不同意见，就说是国务院决定的，别人无权改变，要改变的话，必须经过他。

时任大桥局工地设计组技术员林国雄回忆：对于大桥的设计高度应放在历史的大环境中客观、辩证地看待和分析。大桥通航净空高度原定为 26 米，后改为 24 米，这是根据当时的国情确定的。受到我国的工业化水平的限制，那时的中国制造就是这个水平，在技术、装备和材料上满足不了更大跨度的要求，铁路重载桥梁 160 米的跨度已是当时的极限。后来，九江长江大桥的跨度达到 216 米，芜湖长江大桥达到 312 米，再后来还有更高的，这都与新材料的出现和技术水平的提高是分不开。

长江素有“黄金水道”之称，干流横贯东西，支流辐辏南北，江阔水深，终年不冻，航运条件极其优越。干支流可以通航的水道多达 3600 多条，通航里程有 70000 多公里，其中 30000 多公里可以通行机动船舶，占我国内河通航总里程的 70%。长江干流 3000 多公里，四季可行驶机动船，重庆以下可行驶千吨级轮船，万吨级轮船可直达南京。有人估算过，一条长江相当于 40 多条铁路的运量。如此优越的天然航运条件，在世界同类河流中，排列第一。

今天，随着我国社会经济的高速发展，长江由于横贯我国东、中、西部经济走廊，成为提振我国经济持续发展的重要支撑，提升长江运能已是当务之急。

国务院总理李克强 2014 年 4 月在一次考察长江黄金水道时指出，水运价格远远低于铁路、公路，而且又节能环保，长江是贯通东西部、通航能力最强的航道。要充分认识长江航运的独特优势，发掘黄金水道的巨大潜力。他说：“要用‘黄金水道’串起长江经济带这条‘珍珠链’，形成直接带动超过五分之一国土、约 6 亿人的强大发展动力。”

能借江出海和江海直达是沿江城市对外开放、发展经济的优势条件，其基础就是船舶的大吨位。

然而，一条河，河道上最矮的那座桥决定了整条河流的通航能力。

由于现代造船业迅猛发展，吨位大大提高，轮船的高度也相应增加。现在很多大一点吨位的轮船无法通过南京长江大桥，进而到达长江的中上游，有专家说南京长江大桥“已成为束缚长江黄金水道开发的最大瓶颈”。有的甚至放出“雷人”言论，要搞活长江经济带，必须得把南京长江大桥炸掉。

据资料记载，1931 年美国万吨级“加利福尼亚”邮轮曾从长江口直达武汉。现在，由于南京长江大桥净空高度只有 24 米，即使丰水期也只能通过 3000 吨级船舶，因此中上游芜湖、安庆、九江、武汉、重庆等地相继建成的几十座 5000 吨级港口，极少有外轮停泊，这些码头只能是晒太阳沐风雨。而南京长江大桥下游的江阴大桥、润扬大桥因为净空高度达 50 米，可以通行 5 万吨级货轮，所以南京的新生圩码头，3 万至 4 万吨级货轮就可以乘潮直达。

近年来，官方民间毁桥派、保桥派、改桥派争论不休。每年全国开两会，常有政协委员就此提案。

毁桥派说，南京已有多条过江通道，可以设法替代大桥的交通作用，干脆炸掉重修更高更宽的桥。

保桥派说，大桥仍然是过江主要通道，京沪铁路必经大桥，是中国南北经济命脉，毁桥必然导致铁路停运以及南京火车站的重建，其经济损失不可承受，桥身过低不只是南京长江大桥的问题，后来长江上建造的 60 余座桥梁都以大桥为参照，净空高度都是 24 米，拆除南京长江大桥，同样不能从根本上解决万吨轮进入长江中上游的问题。同时，南京长江大桥被誉为“20 世纪南京唯一可与中山陵齐名的伟大建筑”，作为一个时代的象征，其价值已非金钱所能衡量。

专家们经过广泛论证，南京长江大桥的兴建看起来是“通了南北，阻了东西”，以大桥现有净空高度，万吨级以上的海轮通行到长江中上游，关键还得看水深。南京到武汉有三个浅滩，最浅的是在九江一带，冬季水深还不到 3 米，而万吨海轮吃水至少在 7 米以上。长江武汉段在丰水期的水深大约 4.5 米，无法行驶万吨轮。1931 年美国海轮能从长江口直达武汉，实属奇迹，是充分利用了那一年丰水期的水量大，持续时间长的特点，以后多年难得一遇。而武汉上游的重庆段水深就更小了。万吨轮开进长江口越远，成本越高，如果没有充足的集装箱货源，海轮开进去意义不大。加上长江水深、航宽以及航道位置是季节性的，与江水所携带的泥沙密切关联，南京以上江面比较窄、湾道多，万吨级海轮掀起的浪大，对长江航道里的内河船舶构成威胁，对两岸江堤的威胁更大，因此并不适合万吨级以上的海轮航行。综上所述，大桥对长江中上游航运影响不大。

改桥派认为，可以为南京长江大桥做“接肢”手术，让现有的桥墩向上加高 12 米可以做到，缺点就是操作难度大，并且涉及引桥、铁路的处理，工程浩大且费用不低于重造一座桥。也有人提议把长江航道下挖 8 米，但怎能把上千里航道下挖 8 米？而且会涉及桥墩的安全稳定。2004 年 11 月，《金陵晚报》曾发起关于改造大桥的讨论，东南大学教授卫武龙提出在现有的铁路桥和公路桥之间，通过加固改造，新增加一层公路桥，使现在的 4 车道一跃变成 10 车道；东南大学桥梁专家叶见曙提出在公路桥面的上方，两桥头堡之间架设一个天桥，让行人不要横过公路面，而从天桥跨越，以保安全；有市民建议让大桥成为观光走廊，其具体做法是：在铁路桥面两侧设封闭式人行道，用铁丝网隔离，行人可以步行过桥，游览江上风光；也有人说，凝聚几代人心血的大桥不能轻易动啊……

如今，改桥最热切、最期盼的是安徽交通航运部门，因为芜湖到南京段，不管是丰水期还是枯水期，吃水深度都超过 7 米。将大桥净空提高到 32 米后，南京到铜陵 213 公里江面，万吨级海轮和 3 万吨级江海轮就可以常年到达安庆、芜湖港。

2016 年 1 月 5 日，在重庆召开的推动长江经济带发展座谈会上，习近平总书记站在中华民族永续发展的战略高度指出：“长江拥有独特的生态系统，是我国重要的生态宝库。当前和今后相当长一个时期，要把修复长江生态环境摆在压倒性位置，共抓大保护，不搞大开发。”如果长江南京以上通航能力增强，沿线工厂企业肯定会增加，对本来就不堪重负的长江生态环境将造成巨大压力。绿水青山就是金山银山，历史就是如此奇妙，塞翁失马焉知非福，祸兮福所倚，时代变了，看问题的角度变了，有的“遗憾”反而蜕变成为“圆满”。

关于大桥行车道数设计。1963 年 3 月，将大桥公路面行车道的宽度由 18 米改为 15 米。武汉大桥的公路桥面采用 6 个行车道，专家们认为南京这样大的城市也不能少于 6 车道。当时参加讨论的刘树勋教授是南京市副市长，他结合当时国家经济形势和交通实际情况，建议从省求简，提出建 4 车道就可以了。修改方案报省市和铁道部领导，以及国务院后，大桥公路行车道宽度由 18 米改为 15 米，6 车道改为 4 车道，比武汉长江大桥少 3 米。

时任大桥局工程师车家明说：早期的公路宽度是 15 米，两边人行道各宽 2.25 米，双向两车道，两边还可让自行车通行，那时候车辆非常少，我们整个大桥局就一辆小汽车，更没有私家车出现，4 车道在相当长的时期里，是适应通行需求的，大桥建成后，每天通过的车辆并不多，有时只有几百台次。当时有人提出 6 车道的设计建议时，明显超前了，从现在来看，这种胆识非常令人钦佩，谁能想到汽车工业的发展如此迅速呢？

关于大桥抗地震设计。大桥设计过程中，当时根据中国科学院地球物理研究所对南京地区地震烈度提出的分析意见认为：南京地区的地震烈度可按 6 度考虑。根据这一意见，对大桥设计未考虑更高的抗震设防要求。在大桥建设接近尾声时，我国东部地区的地震活动进入了高潮期。1966 年邢台地震，1975 年海城地震和 1976 年唐山地震等大地震都发生在北方，对大桥的安全运行未造成影响，在这几次地震之后政府和社会各界对南京长江大桥的地震安全性都十分关注。江苏省地震局在桥上设置了强震观测仪器。1974 年 4 月 22 日，江苏溧阳发生 5.5 级地震，对大桥产生了波及影响，安装在大桥上的强震观测仪器记录了主体结构的振动过程。南京长江大桥抗震性能鉴定和加固工作，从 1976 年开始一直延续到 1996 年，现在南京长江大桥和南京一般工业与民用建筑抗震指数一样，都是按照 0.1g 设防（烈度为 7 度）。

关于大桥的踢脚石和栏杆高度设计。细心的人走在南京长江大桥上可能感到从公路到人行道的高度，还有栏杆的高度让人感到不太舒服，显得高了点。最初设计人员是按照常规，把人行道踢脚石高度设计成 25 厘米，栏杆高度 120 厘米。

时任大桥局二桥处设计组助理工程师常荣五回忆：1968 年 6 月，大桥抢竣工大会战时，有一天，设在当时的下关铁路会堂的大桥建设委员会，突然通知我和方秦汉工程师前去开会，说是研究南京大桥的人行道踢脚石和栏杆的高度，说是研究，其实上面已经做了决定。会议一开始，军管会首长说：“今天我们开会研究桥上的踢脚石和栏杆的高度，这是一个技术问题，也是一个政治问题。据我们了解，武汉长江大桥人行道踢脚石的高度是 25 厘米，栏杆高度是 120 厘米。我们这里的设计和武汉桥一样，但是武汉大桥从通车以来，多次发生汽车轮子冲上人行道，撞断栏杆，掉到江里的大事故。我们还了解到，武汉大桥发生过许多人爬上栏杆跳江自杀的事件。根据这些情况，为防止这种情况在南京大桥上发生，我们应该加高人行道踢脚石和栏杆的高度，提到多高呢？我们想听听大家的意见。”

会场一片寂静，没有人发表意见。“怎么都不讲话呀，那就请你们设计人员讲讲。”军管会首长点名了。我看看方秦汉，示意他讲几句。方工小声说，他是搞钢梁的不好讲。我硬着头皮讲了我的意见：人行道踢脚石和栏杆的高度，对桥梁的美观关系很大，踢脚石就是提高 5 厘米，人上下时会感觉不舒服，并且对预防车轮冲上人行道，作用不大。至于栏杆高度，提高了也会让人感到不舒服，就是提高 20 厘米也不能阻止那些想爬栏杆跳江的人。所以，我认为改变设计不妥。军管会首长听了脸立即沉了下来，很不高兴地说："目前时间紧迫，要求你们回去，把我们的意见传达给设计的人员，有什么意见可以向我们提出来"。几经周折，后来将踢脚石高度改为 30 厘米，栏杆高度为 130 厘米。就是现在的这个样子。

关于大桥上的卫生设施。南京长江大桥集交通与观光于一体，是南京著名景观，当年由于设计的疏忽，大桥上没有建公共厕所，很长一段时间，游客"内急"就在小堡处"方便"，把小堡搞得污秽不堪。这次大修，专家们一致建议在桥上建造公共卫生设施。

由于历史条件的局限，南京长江大桥在建设过程中留下一些无法弥补的不足和遗憾。习近平总书记曾说过："不能用今天的时代条件、发展水平、认识水平去衡量和要求前人，不能苛求前人干出只有后人才能干出的业绩来。"大江东去，浪淘尽，千古风流人物，还看今朝。

三、白露为霜

“三年困难时期”，由于粮食供应紧张，建桥职工填不饱肚子，有的甚至挖野菜、喝酱油汤充饥。酷夏，低矮的水泥房里闷热得像蒸笼，白天无法休息，晚上蚊虫叮咬，难以入眠；寒冬，江风呼啸，冷似冰窖。

天苍苍，水茫茫，江南江北好风光。20世纪60年代初的长江两岸放眼望去除了大片农田、旱地、芦苇荡，就是零星厂房，低矮民房，草木葱郁。

时任南京长江大桥四桥处施工科技术员冯志涟回忆：那时的浦口工地，放眼望去除了很少一部分是刚刚收完高粱玉米、苞谷的旱地（改种水稻是1962年后的事情），其余都是大片大片的芦苇荡。汽锤声声，打破了荒野的宁静。我这个人爱管闲事，浦口边上原先都是茅草棚子，我对不少人说，赶紧用相机拍下来，回头一发展，这个茅草房子你花多少钱都买不来了。

大桥建设开工在即，首先是征地。从1958年11月10日起，南京市城建局和下关区人民委员会城建分局组织工作人员进行大桥建设征地拆迁摸底。经过4个多月的调查、测量和计算，到1959年3月中旬基本弄清情况。

为了全力以赴地建设南京长江大桥，1959年5月，大桥局党委作出决定，除了政治部副主任戴树芬等一小部分人在武汉留守外，整个大桥局党委机关都搬到南京，全部力量都投入到南京长江大桥的建设中去。大桥局在南京下关江边路28号，原海军医院旧址组建南京长江大桥工程指挥部，由副局长宋次中和朱世源坐镇，带领设计、施工及其他有关专业人员在南京办公；另成立二、四桥梁工程处，分别负责南北两岸及水中施工任务，施工前的准备工作，并协同南京市政府解决好征地、拆迁这两大任务。

同年 6 月 28 日，南京市城建局和下关区人民委员会召开了大桥工地拆迁工作会议，会议由时任南京市城建局局长王勇主持，出席会议的有大桥局和南京市及下关区有关负责人，会上决定成立南京长江大桥建设委员会拆迁征地办公机构。

根据建桥工程测算，约需用地 90 万平方米，其中永久用地 21 万平方米，施工用地 53 万平方米。当时，确定征地拆迁范围为西起宝塔桥金川河边，东至二仙桥沟边，北起长江边，南到金陵村一带，实测 692110 平方米。后来又核查细算，实际征地 660005 平方米，其中，永久用地 241500 平方米，施工用地 423500 平方米（内有水塘面积 22700 平方米）。需要拆迁房屋 2412 间，计 60692 平方米。涉及 936 户（职工 645 户、商贩 67 户、居民 87 户、农民 137 户），共计 6581 人。

经过多次会议讨论，南京长江大桥建设委员会对征地拆迁方案作了调整。确定了“认真谨慎、落实到底、按照进程、分期征地”的原则，提出三条具体意见：一是在确保大桥建设需要的情况下，安排好生产与群众生活。按照建桥进度，用多少地征多少，用到哪里征到哪里，充分提高土地使用率，减少浪费。注意在征地拆迁过程中不要影响群众生活，还应逐步提高其生活水平；二是在拆迁企业和居民安置上，结合城市总体规划与人民公社发展规划，统筹安排，防止一迁再迁，造成浪费；三是在工作方法上按系统、单位分工负责落实征地拆迁任务，无单位的居民由街道负责包干。

按照委员会的意见，大桥征地拆迁面积缩小为 59 万平方米（其中永久用地 255000 平方米，施工用地 335000 平方米）。原打算在 1959 年 7 月 15 日前完成征拆任务，从实际情况考虑，调整为分期分批进行，至 1960 年 1 季度全部完成。后来证明，大桥建设委员会提出的“十六字”原则和三条具体意见，符合实际，不仅节省土地，提高了土地使用率，

南岸场地平面布置

而且节约了大量经费，受到群众热烈拥护，工作开展比较顺利。

在建设大桥过程中，下关区（2013 年下关和鼓楼合并为鼓楼区）人民做出了巨大的牺牲与贡献。俗话说故土难离，当地居民迁移到陌生的环境居住，人们搬运家私，扶老携幼，依依不舍，拆迁单位的职工也是如此。那时候人民群众的思想情感极其单纯朴实，一听说支持国家造大桥，二话没说，纷纷表示坚决服从安排，没有漫天谈条件的，更没有“钉子户”这一说法。人民政府也充分理解群众的心情、难处，充分考虑到群众的眼前利益和长远利益。负责征地拆迁的同志和广大群众一道，实地测量土地面积，评估房屋结构，为他们选择新住址，协助搬家，帮助采购建筑材料等。为了妥善解决好农民的安居乐业问题。对 137 户，738 位农民的安置慎之又慎，不但不能影响他们眼下的生活，而且要逐步提高。充分尊重他们的意见，经过反复比较协商，最后确定在交通方便、生活条件较好的燕子矶公社四班村征用土地，盖上新房让他们落户，同时还选调了部分青壮年安排到企业工作，由农业户口转为城市户口。

征拆工作涉及几家国营单位，具体安置如下：南京肉类联合加工厂饲养场迁到老虎山脚下的南京军区打靶场，候宰场迁到煤炭港原煤炭批发部堆煤场，职工宿舍迁至方家营；南京棉毛纺织厂迁至中华门外新厂区；南京造船厂东移至上元门；金陵船厂迁至二仙桥；街道居民迁至方家营和四所村地区。南京肉类联合加工厂的前身是英商南京和记有限公司，或称南京和记洋行，又叫和记蛋厂，英国威廉·韦恩典兄弟资本集团于1913年8月创办。肉联厂是这次拆迁的大户，靠江边施工场地一带都是肉联厂猪舍，厂内饲养和待宰的生猪有上万头。当时江岸上已经开始试桩了，桩锤一响，猪群受惊嚎叫、乱跑，猪场管理和施工秩序相互影响。肉联厂猪舍的拆迁，南京市市长彭冲带领市城建局和下关区领导，多次深入现场，做了大量工作。江苏省省长惠浴宇先后派来八位处级干部来现场指挥。

1964年初，大桥建设委员会征地拆迁机构，又接受了大桥配套工程的征地拆迁任务。配套工程拟于1965年动工，1968年底全部竣工，由于受"文化大革命"的影响，工程往后推迟数年。大桥配套工程主要有三类：1. 道路工程。新建一条从大桥南引桥至盐仓桥与中山北路衔接的柏油马路，全长1196米，宽22米。这里有水塘、菜地，属新民农业生产大队，还有一段古城墙。该路段于1966年动工兴建，1968年12月29日竣工通车，投资1200万元。这条新马路开始叫作"南新路"。1981年6月，南京市政府地名委员会根据群众约定俗成的称呼，将这一条路改名为"大桥南路"。2. 供水工程。由于大桥建设施工和人口的增加，下关地区生活用水供应严重不足，市政府决定征用金陵船厂职工宿舍，占地5000平方米，投资64万元，机器设备120万元，新建一座日产2万吨的自来水厂。该水厂于1969年筹建，1970年投产，因水厂位于大桥南堡公园附近，所以称为大桥水厂。3. 绿化工程。原来规划在大桥南堡下面征用30公顷土地，新建一座公园，即现在的大桥公园。并在老虎山、象山一带征用45公顷土地建造风景林。为了节省投资，规划作了较大调整，大桥公园范围仅局限于南堡下面的中心地带，占地约10公顷；老虎山、象山风景林缩小为25公顷。公园建设采取"先栽树后成园"的步骤，所植树木按每平方米1~1.5元最低标准，绿化投资50万元。1971年春，赶在泰国西哈努克亲王来南京前，大桥公园建成开放。

可以说征地拆迁工作，几乎伴随整个大桥工程建设的始终。

1953 年，铁道部大桥工程局成立时，从祖国各地调来工人，组成我国第一支桥梁工人队伍。建造武汉长江大桥过程中，这支队伍得到全面锻炼。此后，他们建造了陕西潼关黄河大桥、江苏邳县（今邳州市）运河大桥、内蒙古包头钢铁厂水泵站。1958 年 12 月，这支队伍又风尘仆仆赶赴古都南京，接受建设南京长江大桥的任务。

1959 年 2 月，大桥工程局第二桥梁工程处（简称大桥二处）进驻南京岸工地，承担 5 号墩及其以南工程。同年 9 月，大桥工程局第四桥梁工程处（简称大桥四处）进驻浦口岸工地，承担 4 号墩及其以北工程。

随着我国桥梁建设的蓬勃发展，建武汉大桥时的一、二桥梁工程处分为 5 个桥梁工程处。工人不足，骨干也分散了。当年大桥局组建之初，骨干力量大多是军人出身，如局长彭敏、副局长宋次中、四桥处处长周永生等。四桥处施工科的技术员冯志涟是 1949 年 10 月入伍的，曾参加过“湘西剿匪”“抗美援朝”，在这里只能算个“新兵”了。他回忆 1955 年 3 月他从部队转业，到大桥工程局施工科报到时的情形：“那天，我一推开施工科办公室的门，眼前的情形让我大吃一惊：偌大个临江茶社竟变成了大教室，大办公木头桌分两排摆开，每张木桌上均放有一块大图板，可能我推门动作过大，二十多人个个都抬起头来看我。二桥处首任施工科长刘兴和好像早就知道我要来一样，主动迎上来一一给我介绍。学员们除了一两个三十多岁的工程师和两三个绘图员外，大都是大学毕业不久的年轻技术员或实习生。我想，我一个初中还未念完的人来这里能学什么，干什么？第二天我就找到大桥局人事科，说我要去学个车工或钳工，但人事科说：‘你在部队是排级干部，我们无权要求你去当工人，要学技术就只有任实习技术员……’”

为建设南京大桥，由大桥局提出申请，经有关部门批准，在邳县大桥工地招收了 400 多名新工人。来到南京大桥工地后，又分两批招收了 2000 多名新工人。大江南北顿时汇聚数千工人，机械轰鸣声、汽锤声打破江岸多年的沉寂。

众多工人的进驻，吃住一时成了大问题。当时由于建筑材料缺乏，连简单的工棚也无法搭建。经过协调，南京毛纺织厂腾出部分纺织车间，以及利用南京肉类联合加工厂准备拆迁的水泥猪圈，改为临时职工宿舍。猪圈尽管经过反复打扫，冲刷，还是臭气难闻，喷洒几次花露水，才勉强盖住。床铺不够，就在地上铺稻草，睡在上面。由于地势低洼，下雨时，室内积水盈尺，潮湿异常，不少职工因此患了风湿病。酷夏，低矮的水泥房里闷热得像蒸笼，白天无法休息，晚上蚊虫叮咬，难以入眠；寒冬，江风呼啸，冷似冰窖。做饭，用帆布搭成大棚，用砖石垒起炉灶，用餐就在工地上，席地或蹲或坐。当年的桥工戏称自己住进了“猪家湾”，现在那片有了个很正式的名字“朱家湾”。

时任大桥局二处副处长王弢回忆：1959 年 1 月 5 日，我奉命将二桥处机构从邳县运河桥工地迁来南京办公，办公室就设在下关宝塔桥东街南京毛纺厂宿舍内。当时宝塔桥东街只是一条土路，附近筑有一米多高的土堤，作为长江防洪的内堤。土堤内外有一些零零散散的简易民房，靠江边一带的平地，则是南京肉类联合加工厂猪舍，向南至象山脚下，是一片芦苇水塘和零星菜地。宝塔桥东街是一条小街，除了几家店铺，比较大的单位就是南京肉类联合加工厂了。该厂的前身是英商的和记洋行。宝塔桥是金川河上的一座木桥，年久失修，只能行人不能通车。据当地老人回忆，日本侵略军占领南京时，在桥上设置岗哨，凡进出城的老百姓过桥，都要遭受日本兵的欺侮，日本兵稍不满意，就拳脚相加，这就是旧中国人民遭受列强欺凌的真实情景。在这块中国人民曾经遭受侵略者欺凌压迫的地方，我们安营扎寨，准备用自己的力量建造长江大桥，为中国人民扬眉吐气，心情更感到无比振奋。

大桥局二桥处老桥工陈琼回忆：大桥预计需要直径55厘米的钢筋混凝土管桩20多万米。当时能够生产这类管桩的只有北京丰台桥梁厂，由于供应量有限，加上运输困难，大桥局领导决定，在南京大桥南岸工地建一座管桩生产厂，作为管桩制造的基地。管桩厂厂址，选择在距江南岸1公里紧靠铁路引桥的地方。这里苇草丛生，野鸟栖息，野兔出没，还散布着一些坟包，是一片未开发的荒地。建设管桩厂的任务交给二桥处基地工程队。为争取早日生产出大桥建设急需的管桩，工人们先要平整出场地来。大家肩挑手提，两人抬，平沟、填塘、盖工棚，用勤劳的双手迅速改变了那里的模样。最让我最难忘的就是建桥职工们那种艰苦奋斗、忘我劳动的精神。当时生产条件差，设备简陋，但没有人叫苦叫累或者干活时挑肥拣瘦，如生产管桩用的钢筋骨架，施工场地名为"车间"，实际上是毛竹作立柱、油毛毡作顶篷、四周无遮无掩的工棚。冬天，呼啸的寒风吹得人睁不开眼，飞舞的雪花飘落到平铁用的工作台上，钢筋工们要不时停下工作，扫掉工作台上的积雪。要把钢筋编成一节节管桩的"骨架"，道道工序都是手工操作，累得年轻力壮的小伙子腿疼腰酸，甚至连伸展手指都十分困难。又如拌和混凝土的砂、石、水泥供料，全是靠人工操作，一天下来手掌上就起了一层茧。特别是喂水泥，先拆水泥袋线，然后倒水泥入斗，再将水泥空袋叠放好，一天下来，头发变黄，鼻孔堵塞，浑身是尘埃，拌和机和离心机的旋转声震耳欲聋。

桥梁工人异常艰苦，他们"修桥不走桥"，当又一座桥修好，留下的只是夕阳下远行的背影，长年累月野外作业，艰苦不说，流动性大，夫妻分居，家庭得不到照顾，青年工人婚恋难……他们凭的是为祖国造大桥，为国家经济发展做贡献，为人民群众谋利造福的豪情壮志。

为了让新工人安心本职，勇于奉献，上岗前，大桥局对他们进行为期3个月的培训，主要讲中国人民革命史、桥梁工程建设史、桥梁工程基础知识及劳动纪律教育，选派新工人代表去武汉长江大桥参观，大家看到大桥的宏伟气势和交通繁忙的景象，感到作为桥梁工人的自豪，为祖国造桥，为人民造福的光荣。

为了加快对新工人的培养，大桥局要求所属各队（厂）进行摆正师徒位置、正确处理好师徒关系的教育。老工人视徒弟为亲人，新工人尊重老工人，逐步建立起社会主义新型的师徒关系。新工人早起打扫室内外卫生，给老师傅冲开水，上下班主动承担拿工具、背工具袋的任务；老工人则为新工人管钱管菜票等；青年工人生病了，老工人陪医、端菜送饭，新、老工人亲如一家人。在这基础上，自选师徒，签订师徒合同，学习政治与技术，使新工人在思想上有了进步，很快掌握了本工种的技术，并能独立进行操作。

社会只是分工不同，每个职业都有其职责、操守和尊严。有人说金字塔是奴隶的血泪堆出来的，也有人经过考察分析得出结论，奴隶在屈辱的皮鞭下根本建造不出如此细致精巧而又宏伟浩大的工程，只有赋予一群人、一个组织严密的集体以巨大的荣誉感、责任感、使命感后，他们把某项工作当作崇高的事业来干，才可能创造出如此奇迹。建设南京长江大桥就是如此。

大桥建设刚开始，就碰上我国“三年困难时期”，国民经济极其紧张。

中共中央号召大办农业，全国各行各业都要支援农业，各企业精简人员。国家拨款的工程项目一时纷纷停建，大桥投放的建设资金锐减。

1959 年，中央决定与南京长江大桥同时上马的宜都大桥、芜湖大桥暂缓修建（芜湖大桥改为轮渡，宜都大桥根据“三线”建设的需要而定），集中人力、财力修建南京长江大桥。并将 1958 年以后招收的新工人一律裁减，特殊情况下确实需要保留的必须经国务院总理批准。

当时，南京大桥已订购了 100 多台（件）大型设备，先后招收了 3000 多名新工人。如果工人被精简，那么设备也要退货，工程建设必将受到影响。这时，大桥局局长彭敏已于 1960 年 6 月调任铁道部。继任大桥工程局局长宋次中面对如此严峻形势，心急如焚，迅速赶到铁道部汇报。宋次中，原名宋丕恕，1915 年 10 月 13 日出生于山东省梁山县，曲阜师范毕业。1937 年 12 月投身革命，先后参加百团大战、淮海战役、渡江战役、西南剿匪和抗美援朝。1955 年，宋次中奉调武汉大桥局任副局长，彭敏调离后，他先是“委任”局长，后“任命”为局长。1965 年 3 月，大桥局成立西南指挥所，宋次中兼任指挥长，他曾郑重叮嘱秘书曹春元：“我生活上的事情你不要太多考虑和照顾，我是大桥局局长兼西南指挥所指挥长，两地都是我的工作岗位，在此两地时间，都不算出差，不要报销出差费。至于你，考虑是由南京调武汉的，南京是三级工资区，武汉是二级区，每月减少收入 10 元，因此将你调西南指挥所列支。至于我，不能哪里工资高调哪里。另外旅途或出差外地，伙食上不必太节省，平均每天每人 1 元钱，超过 1 元的部分，由我负担，司机工资低，每天按 0.3 元收费。”宋次中对同志关心、对自己严要求的高风亮节由此可见一斑。

副部长武竞天看到宋次中急得团团转的样子，说：“别着急嘛，我们有总理嘛。”后经周总理同意，国务院特批南京大桥设备不退货，大部分新工人不精简。

时任南京长江大桥四桥处施工科技术员冯志涟回忆：我们来到南京江北浦口工地，放眼望去，除了很少一部分是刚收完高粱玉米的耕地外，其余是一片芦苇荡。汽锤声声，打破了荒野的宁静。先期到达这里的工人弟兄，白天在江边一身水、一身泥地打试桩，夜晚就栖息在低矮潮湿的临时工棚里。我所在的施工科与四桥处机关的同志住宿在距工地 1 公里外的轮渡桥仓库。在地上放两根枕木再铺上木板，一个挨一个打开行李卷。轮渡桥一带，火车煤烟很重，早上晒的白衬衣，到晚上收工时就全都变成灰黑色的了。工地还未建浴室，只搭建了临时伙房。开饭时，大家就蹲在临时伙房外的野地和小河边上，每餐只供应一两个素菜，每人一只碗，饭菜二合一，也无须饭桌、板凳了。在“经济困难时期”，像我这样的技术员，每月定量仅 25 斤粮、3 两油、2 两肉，餐餐几乎是“飞机包菜”。那时菜也长得瘦，两三片叶子干巴巴的，就像飞机的翅膀。2 两稀饭装一大碗，肚皮越吃越大，还感觉没吃饱，几乎人人都有浮肿。四桥处中心试验室主任罗刘汉是 1955 年的大学毕业生，他家就住在离工地不到 500 米的地方，妻子是小学教师，身边带着 4 个孩子。为了确保水上桥墩封底、水下混凝土灌注的质量，罗刘汉三天三夜吃住在工地试验室里。3 两干饭不够吃，他就利用炒砂石炉子的余火加水煮稀饭，不幸煤气中毒，死时才 30 多岁，我们心里很难过，都为他惋惜……

时任大桥二桥处基地工程队党总支书记王德忠回忆：那时候建桥的机械化程度远不如现在，许多工种和工序还离不锹镐、竹筐和扁担，靠肩扛手挖，劳动强度大，劳动环境差，寒冬酷暑，在正负 30 多米的高空和井下作业，尤其是在经济困难时期工人们的粮食定量不但没增加，反而在减少，食油、肉类供应极少，饭吃不饱就以“瓜菜”代替。由于长期营养不良，许多工人出现了浮肿。

大桥四桥处电焊工董硕公回忆：困难时期，与其他工种相比，我们电焊工属重体力劳动，因此，电焊工的口粮供应每月是 34 斤（其中还要节约 1 斤上交），这要放在现在谁也吃不了，在当时每人每月仅供应 2 两 5 钱食油和 2 两猪肉的情况下，这个定量是不够吃的。焊工们使用的机具设备，如电焊机、氧气瓶、乙炔气瓶（浮筒式，由于不安全，国家现在已禁用），即使重量最轻的氧气瓶也有 100 多斤，施工现场又随时变动，机具设备每天都要搬，每到上午饥肠辘辘，只得紧紧裤带继续干活。焊接浮筒时，3 个人焊 1 只，分布在 8 米长、3 米直径的庞然大物上，为保证浮筒的质量，要求在最佳方位上焊接。每焊一段，3 个人就要下来将筒滚动一下，这样饿着肚子上来下去地爬上几趟，真不好受。大家都吃不饱，也没什么怨言，咬咬牙也就挺过来了。

时任大桥局党委政治部办公室副主任孙信回忆：我们那时候机关干部定量一个月 26 斤粮，每月不超过 2 两肉，油也很少，年轻人吃不饱就咬紧牙关。当时，商店里卖的饼干等零食很少，买也需要粮票。下关街上有炸春卷卖，1 两粮票 3 个，下班后就排队买几个春卷吃。小馒头 1 两粮票 1 个，一般只敢吃 3 个，吃多了当月粮票就不够了。记得有位叫李芬的总工程师回家休假前，在食堂吃饭时，从包里掏出一个小玻璃瓶子问我，他休假这段时间的油能不能给他。那时我在管食堂，想想他说的也没错，就让食堂师傅给他打了几两油。一位总工程师的生活尚且如此，可见当时物质生活的艰难。那时候市场上买不到肉，有的农民晚上会拎点胡萝卜等蔬菜出来卖，我们碰上了就买些胡萝卜，晚上写东西晚了，就在墙根生火，用脸盆煮胡萝卜，放点盐吃。我们的住宿也很简陋，工人都是住芦席棚。1960 年，位于浦口的四桥处晚上在食堂开大会，突然刮起大风，一下就把食堂掀翻了，开会的人都压在里面，20 多人受伤，整个南京都被惊动了。当时，大家都不带家属，回趟家不容易，回武汉坐船要 3 天，来回路上就要一个星期。1961 年，我的父亲因中暑而离世，我也没能回家见上他最后一面。

在突击攻坚的时候，如水上桥墩围堰内需灌注上千立方大面积混凝土，机关人员包括党政领导干部全部上阵，连续两天三夜。机关承包两座混凝土工厂，水泥、砂、石等喂料，全是肩挑人扛。保质、保量、保安全，一天三班倒，每班 8 小时。到了午夜时分，大家又冷又饿、又困又累，这时食堂给在桥墩上参加施工的，不论处长、队长或是工程技术人员、工人，每人分发一片两指来宽的红烧肉，大家就着一个馒头，吃得那个香呀，可能是世界上最可口的美味了。

时任四桥处党委书记兼处长周永生，是1933年参加革命的老红军，他每次到食堂吃饭，没端碗就问：“我这一碗饭是几两？”不说清楚他就不动筷。他一再强调：“工人的定量哪怕一两也绝不许沾！”在他的影响下，四桥处干部严格按各人的定量吃饭。党员干部的号召力在那时特别强，因为大家坚信困难只是暂时的，有我们党的领导，一定会战胜困难！

时任大桥局二桥处政治处副主任刘喜荣回忆：“三年困难时期”，由于粮食供应紧张，建桥职工填不饱肚子，有的甚至挖野菜、喝酱油汤充饥。就是在这样十分艰苦的条件下，大家不顾个人安危，坚持高空作业，水下作业。南京的夏天，烈日炎炎，晒得钢梁发烫；冬天，天寒地冻，冷风刺骨，施工都照常进行。广大职工以高度负责的精神，坚持做到当日工作当日完，完不成任务不下“火线”。干部也是一样，白天工作，晚上还持续到深夜，从不计较时间，不计较报酬。那时候，也没有什么奖金、加班费，完全是靠人的觉悟，靠共产党员、领导干部的模范带头作用，靠党组织深入细致的思想政治工作。

由于资金极度紧张，物资供应困难，工程建设处于干干停停状态。江心工程按施工组织计划应该是连续作业，因为物资跟不上供应，工程被迫停顿下来，有的桥墩已建成，有的正在灌注承台、墩身，有的在灌注基础混凝土，有的还在下管柱，有的钢围笼或混凝土沉井已在定位下沉，两岸的引桥工程也在断断续续进行。

1960年6月，大桥局局长彭敏调任铁道部工作，回到部里他上下奔走呼吁，哪怕千难万难，大桥建设工程一定要维持到所有的桥墩修出水面才能停工，否则几年的辛苦将付之东流。江苏省委对建设大桥的态度坚决果断，向中央建议把彭敏调回南京。彭敏回到南京后，会同时任江苏省省委书记江渭清、省长惠浴宇等，结合当时国际国内形势对大桥建设方案进一步认真梳理研究，然后将研究结果上报中央。不久，国家计划委员会批了专款，直至1965年冬，大桥工程全面复工续建。

1966年上半年，江心桥墩全部出水。当时国家大三线建设已初具规模，各项工程正处在紧张进行的时候，大桥的建设资金及材料又出现了短缺，是停工还是继续建设，又一次面临两难选择。最后，周恩来批示：不停工，继续架设钢梁使铁路通车，公路及附属工程从简，尽量压缩投资。

据1964年、1965年从南京栖霞区（时属燕子矶镇）参加大桥建设的桥工们回忆：他们参加大桥建设的时候条件已经好多了，吃饭顿顿有荤有素，油亮亮的红烧肉那个香呀，潜水班的伙食更好，吃的是“空勤灶”，跟飞行员待遇一样，那时候市面上见不到的苹果、香蕉，他们那儿成箱成筐地囤着。当时南京市职工平均工资每月14元，大桥工人一入职就是33.8元，是除了金陵造船厂（属上海市企业，拿上海的工资）以外的“高新”。那时候一顿早饭1毛钱，9块钱够开支一个月的伙食，还很好。业余文化生活也很丰富，全国各地的文艺团体纷纷来大桥工地慰问，几乎每个周末能看上演出或电影，热闹着呢。尽管修桥很苦很累，劳动强度很大，实行的是半军事化管理，大家吃住全在工地，所有工人三班倒，几乎全年无休。但心里还是很自豪，走路头昂得高高的，情不自禁地小声哼唱。附近居民戏称大桥工人是“三子”——天好的时候是“花子”，满身泥泞，脏得不得了；下雨的时候是“猴子”，因为施工，浑身被浇透，雨水顺着头发往下淌；下班的时候是“公子”，蓝色工作服配上铜扣子，冬天发棉夹克，样式很时髦，能吸引满街姑娘的目光，那时候大桥工人找对象很容易，挑着找。

长江下游南京段，关于江水深度民间有一种说法“四两丝线也量不到底”。这儿江面宽一般在 1500 米左右，下关和浦口间最狭处有 1100 米，水深大都在 15 至 30 米，最深处达 50 米以上，终年可以行驶万吨巨轮。江底的覆盖层，各处不一，有的地方厚，有的地方薄。覆盖层下面的岩石，经过探测，南京段江底的岩石很古怪，这一段和那一段不一样，上层和下层各不同，岩石有的地方坚硬如铁，有的地方像“千层糕”，是最软的风化岩，甚至用手都能捏得碎。这里除了水文、地质情况复杂外，由于它距离长江入海口仅 400 公里，终年受潮汐侵袭和夏秋季节台风影响。南京附近江面的潮汐，每日有高低潮水位，一涨一落平均历时 12 小时 25 分，年最大潮差平均值为 1.42 米。当台风来袭时，江面风力可达 10 级以上。

面对如此浩大工程，以及纷繁复杂的技术难题，大桥建设者们唯一的办法就是做试验，对于一些新发明、新创造、新技术，由技术人员大胆提出，领导机关经过调查研究后同意，工人们具体谨慎实施完成，采取领导、技术人员和工人“三结合”的办法，摸着石头过河，一步一步往前趟。

为解决水下工程中的复杂技术，大桥局决定先修建试验墩。主持实验墩修建的是留苏回来、时任大桥局桥梁建设基础研究室主任李秀芝博士，1950 年毕业于唐山交通大学土木工程专业，1953 年进入莫斯科大学读土木工程专业研究生，学成归来后，她先是在武汉长江大桥工地上干，后转战南京长江大桥。其作风勤勉踏实，行事低调。按照规划设计，试验墩设在 9 号与 10 号墩之间，用 4 根 3~3.6 米的大型管柱组成，上筑平台，管柱下沉动力是用桥工们自己设计、制造的两台 250 吨并联起来的振动打桩机。早在 1956 年，大桥局就在武汉兴建了桥梁机械制造厂，所以南京大桥建设所使用的桥梁机械设备均由我们自己生产制造，过去打桩用的是汽锤，建设南京大桥时采用振动打桩机，又快又好。试桩那天天气晴朗，大桥局局长彭敏特邀请江渭清、惠浴宇、彭冲等省市领导来到工地参观。这是大桥工人们进行的第一项试验工程，由于操作不熟练，加之过分紧张，振动打桩机怎么也发动不起来，忙乱了两个多小时，还是发动不了。几位领导安慰大家说："今天试不成，我们明天再来嘛！"

第二天，试机终于获得成功。试验墩共运用了四种管柱基础：第一种是 3 米的普通管柱基础；第二种是 3.6 米的普通管柱基础；第三种是 3.6 米的预应力管柱基础；第四种是 3.6 米的钢管柱基础。这四种管柱基础都顺利下到岩盘，取得了成功。解决了一系列疑难问题，取得了在砂层中管柱下沉超过 47 米的经验。这座试验墩，在大桥全面建成后仍然保留。如今有传言说，那是苏联人帮助建造的桥墩，后来中苏关系恶化，苏联专家撤走，留下的"印痕"。一个遗留下来的实验墩，竟成了爱国主义教育"铁证"，笔者也曾数次听到这种说法，不禁哑然失笑。

利用试验管柱墩搭设塔架作为中间临时支承墩

时任大桥局二桥处设计组助理工程师常荣五回忆：有一次，我站在大桥南岸桥头堡的临江观光平台上欣赏美丽的桥景，听到旁边有人在交谈："你看，那个桥墩是苏联专家为我们设计的，已经报废了。"我当即把真实情况讲给他们听，他们问我"你是怎么知道的？"我说我是大桥的设计者之一。那两人打量我几眼，将信将疑地走开了。真实情况是，那个桥墩是建造的试验墩。第一跨钢梁架到正式的桥墩后，它的作用就完成了。后来在上面搭建了一座临时配电房。

在试验墩施工期间，1959 年 11 月的一天傍晚，正当“一道残阳铺水中，半江瑟瑟半江红”时，一辆黑色小汽车开到江边，从车上走下一位戴墨镜、着便装，步履从容的长者，听一位着军装的随从人员介绍，他是刘伯承元帅。刘帅听了试验墩的情况介绍，风趣地说：“我是个军人，三句话不离本行，你们这种办法好，可在深水里建桥墩，如果把它建在海口，可以在上面设炮台，有敌舰入侵就能早一点击毁它，而敌舰炮火就很难打到岸上来了。”临走时，刘帅和大家一一握手说：“希望你们早日把桥建好，在祖国江河上多建一些这样的桥。”

试验墩的成功只是迈开一小步，等待桥梁建设者的将是一场艰苦卓绝的十年征战。

四、江水与火焰

桥墩是桥梁建设的基础，建设难度最大，费时最长。每个桥墩施工根据具体地质情况，各有不同。潜水服在近 9 个大气压下像胶布一样紧紧贴在身上，扯都扯不开，耳膜嗡嗡直响，疼痛难忍，想转动一下眼球都很困难，血液像是凝固了一样，呼吸吃力，行动非常困难。

有多少平凡琐碎的故事、响彻云霄的号子随水而逝，有多少简单重复的劳作、惊心动魄的拼搏沉钩江底，就有多少风霜雪雨中辛勤的汗水、澎湃的热血浇筑桥墩，而今只剩下 9 个巍然耸立的桥墩撑起铁臂长虹挺立在滔滔江水中沉默诉说。

1960 年 1 月 18 日，江风冷冽，大桥建设工地人声鼎沸，热火朝天。正桥 9 号墩钢围笼浮运下水，标志着大桥建设正式开工。

大桥工地分为两个处，二桥处位于江南下关宝塔桥，四桥处位于江北浦口，两岸上千人铺开在工地上，修建桥墩。很多老桥工回忆，其实早在 1959 年 11 月 6 日 1 号墩就开工了。1 号墩采用的是重型混凝土沉井基础，其高度和体积属当时世界同类基础中的佼佼者。1 号墩墩位经过钻探，百米以下达不到岩盘，因此不能采用管柱基础，只能采用沉井整体下沉方案。沉井基础技术的应用虽已有一百多年的历史，但使用重型混凝土和采用射水破坏井壁土壤，消除摩擦阻力的施工方法则是我们国家的创新。

桥墩建设

南京长江大桥桥墩基础大部分采用浮式沉井施工，即沉井较长时间在水中处于悬浮状态，如一个巨大的杯子，一点一点、一节接一节往下沉，然后利用打桩机往沉井里打下一个个混凝土管桩，最后在沉井和管桩里浇筑混凝土，然后往巨大杯子里插上一根根筷子。武汉长江大桥根据其水情和地质结构使用的是大型管桩钻孔法，南京大桥的地质构造比武汉大桥复杂多了，使用沉井法更牢固、更可靠。

一个沉井的面积约 400 平方米，和一个篮球场差不多大，如何使它顺利下沉，怎样控制它不倾斜，倾斜了又怎么纠正，对这些问题。专家们事先做了许多设想和对策。例如采用重质混凝土或轻质混凝土（重质混凝土用铁矿石代替石料，轻质混凝土则用陶粒代替石料）、射水吸泥和抓泥使沉井下沉、射水纠正倾斜等。开工后，当沉井沉入土深约 53 米，达到细沙层，大家认为如此巨型沉井在复杂覆盖层中下沉这么深，已接近世界纪录，应该可以了。

这时，时任铁道部部长吕正操来到工地视察："下深一点有什么不好？"大家经过进一步摸索，顺利通过细砂层，下沉至 72 米，到达粗砂层，创造了当时下沉的世界纪录。此前保持这项世界纪录的是美国，下沉近 70 米。沉井下沉开始比较顺利，后来出现了倾斜现象，纠偏时谁也不敢贸然射水。当时规定，射水纠偏必须经局总工程师同意。由于不敢射水，倾斜现象很长时间没有得到纠正。有一天，施工现场的管理干部、技术人员和几个工人悄悄商量，决定射水试验。结果出人意料，倾斜的沉井很快被纠正了过来。当然，他们既受到表扬，也挨了批评。

时任四桥处二队工程师钱权回忆：1960 年春夏之交，苏联专家西林（建武汉长江大桥时担任苏联专家组组长），在老局长彭敏陪同来南京考察。在北岸 1 号墩现场，我陈述 1 号墩简况和沉井下沉拟采取的措施，但我总感到下沉太深，非同小可，转而向西林请教。西林问为何不用管桩基础？我回答，1 号墩位于古河道深槽，覆盖层超过 90 米，目前我们国内尚没有如此先进的沉桩设备和手段，不知苏联有无先进技术可供借鉴。西林认为总有办法可想。我继续说出个人意见：桩基总是柔性基础，不如沉井稳固。西林听了沉默不语。我又通过翻译请教，西林答非所问，说这是美帝的一套。我在惊愕之余，心想西林的态度分明在暗示沉井不可能达到预期目的。西林此行，促使我们以更谨慎的态度对待大桥建设。我们坚定走自己的路，走“工人干部技术人员三结合”和“没有经验靠试验”的路，将整个沉井施工的各项工序画了一张大图悬挂在大厅内展览，组织大家参观，介绍概况与关键问题，再分班组讨论，发动大家献计献策。四桥处也多次集中进行研讨。我们还做了一系列诸如“强化筑岛”“水力洗石”“矿石灌浆”“偏载调节软土层下沉”“深水吸泥”“减少井壁摩擦力的多种设施”等项目试验。经过实践——改进——再实践，最后证明，我们采取的对策是有效的，沉井下沉达到了设计要求，且还有再往下沉的可能。

1 号墩于 1961 年 4 月 29 日竣工。1 号墩基础建于沙砾层上，其余八个桥墩的基础都是建在岩石地基上。

9 号墩于 1960 年 1 月 18 日开工，举行了隆重的开工仪式，大桥建设委员会全体领导都参加了，大桥局局长彭敏宣布南京长江大桥第一个钢围笼下沉的命令。

南京长江大桥第一个钢围笼成功下沉庆祝大会

9 号墩及其他桥墩施工的程序大致如此：先下一个约 300 平方米的钢制围堰沉井，这个沉井以双层钢板加支撑，重 200 多吨。巨型沉井的拼装下沉任务艰巨困难，工人们得先在江边把两个大铁驳船连在一起，在上面搭起巨型平台，然后在平台上制造

10多米高的巨型沉井，沉井内有强大支撑架及打桩导架。制造完毕后，在船上装上两台巨型龙门吊机，利用枯水季节，把船开到预测好的9号墩墩位，用船上的龙门吊机，把巨型沉井吊起，拆除两船间的巨型平台，再把巨型沉井慢慢地放到9号墩的水下河床位置固定好。接着即清理沉井脚的泥土及碎石，用高压水泵的水通过巨大射水管，把沉井脚的泥土、碎石块冲松，然后再用高压吸泥管把泥土及碎石吸到墩外去，沉井缓缓下沉，再把沉井逐步加高。吸泥管在沉井四周同时使用，才能让沉井平稳下沉。当沉井下至岩层或适当深度后就停止下沉，在沉井内部再下沉大型管柱。在岸上制造的直径3米或3.6米、长约8米的巨型管柱，两头有法兰盘上下对接，运到墩位沿着管柱导架，用大型振动打桩机将这些大管柱打到沉井内的岩层，然后用巨型钻孔机在管柱内钻到岩层的适当深度。全部管柱打进岩层后就可用钢筋混凝土封底，填满墩身混凝土就完成了一个桥墩。概括起来说就是一个巨大的桶，在冲刷和吸泥管的作用下慢慢下沉，待下沉停止后在里面打上一个个巨大的桩，最后浇筑承台、墩身、墩帽混凝土时，由于工作量大，持续时间长，所以每次都是多工种大兵团联合作战，整个过程蔚为壮观。

桥墩是桥梁建设的基础，建设难度最大，费时最长。每个桥墩施工根据具体地质情况，各有不同。所以正桥水中9个桥墩，根据地情水情制宜，其基础分为四种类型：1号墩为重型混凝土沉井基础，采用钢板桩围堰筑岛法施工，沉井高53.5米，自原河床算起，沉井穿过覆盖层厚72米（有54.87米一说，可能计算方法不一）；2、3号墩为钢沉井加管柱基础，钢沉井下沉至河床一定深度后，再在井内插入直径为3米的预应力钢筋混凝土管柱，管柱下沉至岩面，钻孔入岩层嵌固；4、5、6、7号墩为浮式钢筋混凝土沉井基础，沉井下沉至新鲜岩层，清基后进行水下混凝土封底；8、9号墩为钢板桩围堰管柱基础，每墩10根直径为3.6米的预应力钢筋混凝土管柱，管柱下沉岩层后，钻孔嵌固。

建设 9 号墩时由于我们国家正处于经济困难时期，拨款锐减，所以该墩工程进展极其缓慢，直到 1965 年 5 月 11 日才竣工。

2 号墩于 1960 年 4 月 5 日开工。

时任大桥四桥处二队工程师钱权回忆：1960 年夏，大桥局总工程师梅旸春召开二、四桥处技术领导层会议，我因负责 2 号墩钢沉井基础项目的技术工作，所以参加了这次会议。参与武汉长江大桥建设的苏联专家西林回国前，向铁道部提出了“钢沉井加管柱基础”的方案不可取，他认为沉井下沉接近河床时会不断冲刷，随冲随下，恶性循环，最后形成不可收拾的局面。那次开会争论激烈，情急之下我脱口而出：“苏联建桥技术是先进的，但伏尔加河不代表长江，经验不能生搬硬套。”与会专家经过充分计算、论证，梅总最后拍板：“这是件大事，经局党委讨论通过后，一定向部里陈述理由，钢沉井加管柱也可说是管柱基础，并不矛盾，但沉井下沉较深，总比单纯的管柱基础稳固得多。”他还形象地比喻沉井似尊大佛，稳坐在江底，总比火柴棒顶上加个火柴盒帽子（比喻管柱形式）强得多。所以他作出了“钢沉井可以继续施工，不必待命”的决定。

南京长江大桥首位总工程师梅旸春，1900 年 12 月 1 日出生于江西南昌一个贫寒农家，幼时常靠下河摸鱼虾改善家人伙食，幸而得到族长梅丹珊的资助才能读书。他少年聪慧，加上学习刻苦，以优异成绩考入清华留美预备学校（1928 年改称清华大学）。在清华大学他学习土木工程、机械专业。1923 年，赴美留学。1928 年，学成归来，先是南昌工业学校任教。1934 年，受茅以升的邀请，参与中国历史上第一座自行建造的铁路两用大桥——钱塘江大桥的设计工作。1937 年 11 月 17 日，钱塘江大桥全面通车，仅一个月之后，12 月 23 日，杭州沦陷。为了避免大桥落入日军之手，这座饱含茅以升、梅旸春等工程师心血的大桥由中方自行炸断。后来，梅旸春还参与设计建造昌淦桥（也因为抗击日军，被迫自行炸断）。新中国成立后，梅旸春以百倍的热情和精力投入到武汉长江大桥建设中。建造南京长江大桥时他已经六十多岁了，由于长期艰苦工作严重影响他的健康。1960 年夏，梅旸春在建设一线突发脑溢血，被抢救了过来以后又几次发病。1962 年 5 月 11 日，他临终前长叹："不让我建完大桥！"赤子深情，天见可怜，壮志未酬身先死。历史不会忘记，1985 年南京长江大桥建设新技术获国家科技进步特等奖，7 名获奖代表中，梅旸春居首。

2 号墩于 1963 年 5 月 31 日竣工。

8 号墩于 1960 年 11 月 1 日开工，1963 年 5 月 5 日竣工。

7 号墩于 1961 年 1 月 26 日开工，1964 年 4 月 29 日竣工。通过对 7 号墩位地质的钻探，发现岩性比资料记载的还要差，其基岩距水面约 68 米（水深 32 米，覆盖层厚 36 米），为黏土页岩，位于两个走向的岩层断层之间，倾角 75 度，并有多条挤压破碎带，平均极限抗压强度仅 60 公斤／平方厘米。在 7 号墩开工前，大桥设计组组长曹桢提出了采用浮式钢筋混凝土沉井结构的方案（当时国内从未采用过）。此前，铁道部、大桥局已经批准使用钢材沉井结构，当时国民经济困难，为了节约钢材，曹桢冒着巨大风险，提出这一具有独创性的方案。当年很多人不理解，争论很大，尤其是有的技术员认为既然上级都已经批准了，何必还去折腾？曹桢的方案，几经周折，得到了大桥局两位总工程师梅旸春和李芬的认可，上报局领导审查修改后，于 1960 年 11 月上报铁道部获得批准。著名桥梁专家李家咸说："7 号墩的建造成功及其方案被推广，曹桢是有功绩的！"

曹桢，1914 年 10 月 4 日出生在浙江嘉兴一个书香之家，自幼聪颖好学，1932 年从浙江杭州省立高级中学毕业考入唐山交大，1936 年以总分第一名的成绩毕业于唐山交大土木工程系，获工学学士学位，即被分配到上海铁路局沪杭工务段实习，不久调到钱塘江大桥工程处任绘图员。1937年因日寇侵华，为了阻止日军南侵，时任工程处长的茅以升迫不得已将4孔钢梁炸沉江底，萧山游击队又用鱼雷轰击5号、6号墩，致使钱塘江大桥墩身破坏严重。曹桢悲愤交加地把该桥的设计和竣工图纸汇编成册并牢记在心，发誓以后一定造出中国最好最大的桥。1949年新中国成立，其先后担任杭州浙赣铁路工务处正工程师兼桥涵股长，上海铁路局工务处正工程师，35岁即被评定为一等工程师。他擅长全套桥梁设计的业务，根据当时国内经济情况，提出“高标准、高质量、高速度、低造价”的切合实际的“三高一低”方案，并亲自组织实施，在多座桥梁建设中发挥其卓越才能。

时任大桥局二桥处工程师刘长元回忆：7号墩是大桥四个巨型浮式钢筋混凝土沉井深水桥墩中的第一个，这种基础形式在国内还是首次采用。二桥处一队承担这项任务。大桥指挥部为了加强新型桥墩基础的施工，将负责这项设计工作的李家咸工程师调来任副总工程师，具体负责技术工作。队里让我负责这个桥墩的施工技术工作。当时队里的工程技术人员较少，除了队主管工程师外，只有我和另一名工程师张慕遽。7号墩沉井是在悬浮状态中进行施工的。用安装在沉井底节钢刃脚上的20个钢气筒充气保证沉井的均匀浮力，使接高沉井的工作得以在水面上进行。我们整个工程队和机修厂的一部分电焊工、铆工、电工，在制造完沉井底节钢刃脚块件后全部投入了导向船、拼装船、定位船的钢结构和设备安装施工，以及沉井底节钢刃脚拼装工作，分三班制进行，另有一部分工人参加锚锭抛设工作。钢刃脚拼焊，要在拼装船上将31个块件拼焊成高4.6米、长22.42米、宽18.216米，纵横相隔成20个井孔，重约200吨的一个庞大钢结构。不但要保证焊接质量达到受力要求，而且对焊缝要求不漏水、不漏气。由于技术要求高，我既要熟悉设计图纸、施工步骤，编写每道工序的施工工艺，还要负责现场施工的组织安排、技术指导、质量检查等工作，每天工作都在 14—15 小时，节假日大都没有休息。那时候我一个人在南京工作，家属都在武汉。我的宿舍就在办公室旁边，一出门跨过长江大堤走上十多米就到了船码头，晚上时间不是用来熟悉图纸、编写工艺、整理资料，就是在桥墩的施工现场。当时，国家正处在经济困难时期，供应比较紧张。深夜 11 点多钟，我从桥墩回到宿舍，肚皮叽里咕噜地直叫，实在没有什么东西可以充饥，队上的主管工程师苏源仙就把队里在江堤边上种的葱洗净切好，加上点酱油，冲上两碗汤，我们一边喝，一边商量第二天的工作安排。

时任大桥局四桥处二队工程师殷万寿回忆：7 号墩沉井接高已达 26 米时，按施工步骤，此时应考虑将原来为避免墩位冲刷，而临时定位在墩位上游 30 米处的沉井，顺流下到墩位处，然后再进行精确定位、接高及放气下沉，以使沉井迅速落在河床上（简称落底）。正当大家心情稍稍放松时，沉井底的河床冲刷速度突然加快，而且沉井前边与后边高差竟达 7 米多。如果沉井接高下沉不及河床冲刷快，倾斜的新河床面又得不到整平，沉井是无法落底的。这一突如其来的现象，我认识到，我们此前只考虑到沉井落底应该对河床加以防护，而没有充分估计到可能出现的后果及其严重性，得用什么办法才能使沉井得以接高下沉着落在河床上？当时如巨石一样压在我们心头。记得那年冬天，气候异常寒冷，我和二桥处的工程师们昼夜不停地商讨解决事故方案，经二桥处领导批准，破例给我们安装了火炉（那时为了不脱离群众，与工人同甘共苦，规定办公室不准安装火炉和电风扇）。经过反复研究，我们终于找到了办法：利用气筒放气减少浮力来模拟沉井接高所增加的重量，和用气筒补气来平衡沉井接高时所增加的重量，借以调整和维持沉井的水平或垂直状态。后来这一崭新的沉井落底方法，被桥梁界命名为“半支承半漂浮沉井落底法”。

7号墩的施工，四桥处的同志们取得了丰富经验，探测中发现4、5、6号三个桥墩处的水文、地质情况与7号墩相似，所以后来均采用自浮式钢筋混凝土沉井基础。这种桥墩基础的施工方法和拼装式结构在国内属首创。其主要特点是：沉井结构轻巧合理，节约用材，定位工艺精确，沉井最终位置小于允许偏差的三分之一。修建7号墩首创了“半支承、半漂浮”工艺，打破了先落底、再整平和清基的传统做法，制成了一整套水下挖岩、整平和清基的新设备，成功地实现了用普通潜水装置深潜水，解决了基底质量检验与水下焊接、氧割等难题。

在建设7号墩过程中，发生了一起溺水死亡事故。1963年6月11日晚，7号墩仅剩下一项工作，在沉井内一个3米直径的圆筒上电焊一个接点，由1个装吊班配合，在场的有值班技术员、领工员、计工员各1人，施工现场秩序正常。可工人王北方既不系安全带，也没穿救生衣，就走上通往圆筒的一块单跳板，根本没考虑那块单跳板能否承受得起。当时在场没有任何人提醒，眼睁睁看着他走在单跳板上，由于跳板跨度过长、承受过重而折断，王北方当即掉入40米深的圆筒沉入江底。经全力抢救，由于潜水员仅在水中减压的时间就用了一个多小时，当捞起王北方时，已近两个小时过去了……这起事故，给大桥工地笼罩上一层沉重的阴影。

浮运

其实，在这三个月前已发生一起血淋淋的教训。1963年3月中旬的一天上午，天气晴朗，木工金孟宇正在铁路引桥16号墩附近施工，不料在铁路引桥上行驶的轨道牵引车，把放在界线内的一个电石桶碰落桥下，正巧砸在金孟宇的背上，其当场昏厥，紧急送往医院抢救，终因伤势过重，三天后去世了。金孟宇是个技术熟练的老木工，在家里是顶梁柱，上有老父老母，下有妻小，他的不幸去世，大家十分悲痛。

灌注水下砼

大桥建设工程浩大，工序复杂，千头万绪，协调工作不但关系到工程进展，更关系到安全无事故。由于江南、江北同时动工，每个桥墩足有几百平方米，墩身两端为半圆形，墩帽为多边形的实心钢筋混凝土结构。在灌注水下混凝土及承台、墩身、墩帽混凝土时，工作量大，持续时间长，人员、工程机械多，尤其随着水上桥墩、两岸桥头堡及引桥相继开工，水上吊船、铁驳、拖轮、吊机、高压水泵、射水管、吸泥管、万能杆件、发电机等设备开足马力，机械轰鸣，人声鼎沸，真不亚于一场多工种大兵团协同作战。为避免发生争执，延误施工，大桥指挥部设立了一个调度室，每星期召集大桥工地的各部门，包括施工处、二桥处、四桥处、材料供应处、机械处以及负责劳动力分配和安全等部门的主管到指挥部开会，汇报工作情况，提出问题及要求。特别是一些重要设备，如吊船、吊机、铁驳、拖轮的调用，必须经过协商，按需要紧迫程度进行调配。一旦做出决定，大家都必须按决定去执行。指挥部几位调度员，每天分三班轮值，收集、通报施工进展情况或解决临时发生的问题，解决不了的向调度长汇报。

在南京长江大桥建设中的诸多大型机械设备的运用与管理采用租赁方式。这些大型设备结构复杂，操作上稍有不慎，就会造成严重损失，加上购置大型设备，投入资金多，如不能充分利用，会形成很大的浪费。所以大桥局在大桥南北两岸组建机械经营租赁站，对这些装备进行科学管理和经营性租赁。建武汉大桥时，这些大型装备由局机械经租站统一管理，建南京大桥时改由桥处组建，这在当时属于首创。组建初期，面对如此庞大的机械和复杂的施工现场，当时多位运用技师感到措手不及，只能夜以继日地跟随机组逐台检查隐患，掌握机械的运行规律，保证机械修理，探求机械磨损及故障规律。由于机型庞杂又缺乏资料，修理工程师四处收集，上门走访，依靠“三结合”小组，确保修理质量。开展机械租赁之初，缺乏经验，经租站的同志虚心学习，大胆实践，不断总结，很快摸索总结出一套机械租赁办法，适应了大桥施工的要求。

机械经租站是桥处下属的内部核算单位，它下设船舶大队、运用大队、修理车间，经租站全盛时期拥有大小机械设备 200 多台，职工 400 余人。它虽被列入配合单位，但实际上它与工程队同在第一线，无论是风雪交加的严冬，还是烈日炎炎的酷暑，机械工都与桥梁工人并肩战斗。有些水上作业项目，必须依靠这支队伍去攻克难关。水中桥墩的浮运定位和管柱基础的下沉、清基、封底等工序几乎全要靠这支队伍。他们中有运筹帷幄、身先士卒的站领导，有临危不惧、勇斗恶浪的船员水手，有技术娴熟、认真操作的机械司机，有手艺精湛、匠心独具的能工巧匠，还有很多深入现场、排忧解难的技术人员。正是他们的高水平、细操作、严规程的“工匠精神”，在大桥近十年的施工建设中，对各种机械做到有计划的维修和保养，使其始终处于良好状态，没有发生过一起重大恶性事故，保证了大桥正常施工。经租站是按有偿使用的原则，最大限度地提高了施工单位对机械的利用率，从而降低了建桥成本。1964 年，随着大桥桥墩逐个出水，机械经租站的工作也进入尾声。后来，因受“文革”的影响，机械经租站的模式不复存在。

由于当时的条件所限，机械化程度低，每当桥墩灌注水下混凝土封底，或灌注承台混凝土时，因为混凝土量大（都在上千立方以上），灌注时间长（连续 24 小时以上），船舶数量多（有时达到 20 余艘），灌注前得和各个工种的负责人进行技术交底，特别是事前要做好机电设备的检修和气象预报的分析，因为灌注混凝土是连续作业，中途不得停顿，否则将影响混凝土灌注质量。所以调度人员的工作上不能也不敢有丝毫的马虎，需根据各种情况的变化，进行周密的调度安排。

这时，大桥建设已进入第四个年头，由于国民经济有所起色，物资保障能基本跟上，工程进展较为顺利，大家忙于抓生产，赶进度，而忽视了预防“事故”这件大事。不到三个月时间连续发生两起伤亡事故，大桥局上下一片震惊。二桥处和四桥处紧急开展了安全防事故“六查”活动，经过整顿整改，施工现场的安全情况大为好转，职工佩戴安全防护用品逐渐成为习惯。

1963 年 7 月中旬，二桥处预应力梁厂工长罗效华有次发现地上电线走火，他冲上前飞起一脚踢开电线，避免了一起电焊工伤亡事故。事后队安全员为他请奖 5 元，二桥处领导认为这避免了一起重大伤亡事故，决定奖给他 30 元。这件事发生在王北方伤亡事件不久，震动很大，都说罗效华轻轻一脚就得了 30 元。要知道当时普通工人一个月工资才 30 来块钱。

3 号墩于 1961 年 2 月 19 日开工。由于桥址地处长江下游，江面宽阔，水深流急，每天有两次潮汐，每年有多次台风影响，加上基岩破碎，其中覆盖层厚约 40 米，需要进行大量处理工作，施工极其困难，特别是大型沉井的浮运、定位与下沉，深水下岩层钻孔成桩等，以当年的技术条件，3 号墩施工过程中经历了很多挫折，可谓历尽艰难，直到 1966 年 4 月 27 日竣工。

3 号墩沉井下沉到位后，在钻岩的过程中，沉井钢板桩围堰被一艘向上游行驶的巨型货轮碰撞，导致水面上可以见到的钢板桩部分有四分之一扭曲变形；水中的钢板桩部分由潜水员摸探，发现有三组断裂，这是一起严重事故。管柱钻孔成桩后，水上扭曲变形部分，由建桥职工采取特殊措施整直扶正。水下断裂的板桩由潜水员采用水下电焊焊接，并由桥工灌注水下混凝土补强。后来修筑承台时，又边抽水边加固损坏部分的板桩，从而保证了质量。

3 号墩沉井在下沉过程中，先后发生几次翻砂事故，尤其是穿过黏土层，接近设计标高 (—40 米～—45 米) 时，沉井自重较小，不足以克服井壁摩擦力，加之水流冲击及河床冲刷等影响，沉井发生倾斜和位移。为了调整倾斜和位移，曾采用“偏吸泥”和“局部吸深”方法，由于破坏了整个沉井对河床形成“锅底”的造拱作用，引起翻砂。1962 年 3 月 19 日发生一次特大翻砂事故，翻砂量约达 3000 立方米，井孔内泥面平均上升 10 米左右，井内水位瞬间上升至板桩顶溢出，引起靠江南侧板桩倒塌，这在当时是罕见的事故。

3 号墩的基岩钻孔也经历了一个艰难的过程。墩位处的岩层倾角陡、裂隙密，有 6 条与岩层走向斜交的挤压破碎带，在平面上呈网格状分布。因对这样的岩层钻孔没有把握，开工前，曾在浦口林场岩石裸露处做过 1∶1 的模拟钻孔试验，但忽略了做压力洗壁，故试验结果未发现有任何问题。在墩位钻孔施工时，采用泥浆护壁钻进，成孔也没有发生问题，但用压力冲洗孔壁时，发现井壁岩石形成碎块下掉，以至不能灌注水下混凝土成桩。为解决此难题，曾采用过岩层上面覆盖层固结灌浆、孔壁岩层裂隙固结灌浆等许多措施，前后花费了 1 年多时间，

绑扎沉台钢筋

仍未能达到预期效果。

后又采用双层钢筋笼方案（即外层钢筋防护岩石碎块下掉，内层钢筋与桩身混凝土黏结在一起作为受力钢筋），通过实际使用，取得成功。但采用这个方案，首先要搞清楚孔底是否有岩石碎块残留，孔壁质量如何，这就需要潜水员下水清孔、检查。从水面至钻孔底部水深 77 米，加上提高水压固壁，水深共 82 米，这个数字据多位潜水员回忆，意见不一，有人说当年潜水最深 71 米，有人说是 73 米，但左国胜老人肯定地说是 82 米。大大超过一般潜水装置的极限深度。当年国际上普遍认为 45 米是潜水的警戒线，每下潜 10 米，增加一个大气压，下潜 45 米相当于人体承受近百吨的压力。

南京长江大桥 3、4、5、6、7 号桥墩沉井基础均位于水下 65 米左右，在清理基础过程中，以及质量检查，水下切割、电焊等都得通过潜水员深潜到基底进行处理。

潜水是一项高危运动，即使现在装备条件很好的情况下，一般职业潜水员也只能下潜 30 米左右，水下高压对潜水员的身体各个器官和系统机能具有很大影响。氮气是惰性气体，能溶解于脂肪和血液中，正常情况下对人体没有影响，但在水下当气压增加时，氮气就有麻醉作用，当气压达到 5 ～ 6 个绝对压时，就会麻醉神经系统。在水下工作时间长、压力过高，如果减压不当，就会在血液等组织中形成气泡。气泡的体积、数量及在不同部位，所表现出来的症状不同，在细小的皮下毛细血管中形成气泡，能引起皮肤发痒，感觉发烧、出现皮疹；在腱、腱膜、骨、肌肉和神经末梢形成气泡，会引起疼痛；在耳内形成气泡，会发生头晕、耳聋与呕吐并发症；脊髓内血栓能引起下半身麻痹；脑血管血栓以致感觉中枢麻痹；最严重的是肺毛细血管内和心脏右半部内气泡积聚，会引起喘息，如不及时抢救，随时有生命危险。

大桥局四桥处潜水工左国胜回忆：1965 年上半年的一天，在 3 号墩进行桩孔混凝土封底施工中，钻探检查的钻杆提不起来，需要我们潜水员到水下去切割。当时我负责潜水班工作，针对水深 60 多米、潜水设备不合要求这一情况，我提出建议：向直径 3 米的管柱桩孔内先加满水，等人下到水里后再抽水，人随着水位一起下降，等水抽到设备能承受的平面进行切割，然后再灌水，人也随着水位一起上升。这个建议被上级采纳了，我决定自己下去干，因为在 60 多米深的水下作业这还是第一次。当我完成了水下作业，准备注水上浮时，意想不到的事发生了，连接我潜水服内的压缩空气管、通信绳和松了劲的钢丝绳紧紧绞在一起，我马上感到一阵窒息、昏眩，大约两个小时后，我被打捞上来时已失去了知觉。我被立即送进加压仓，当加压到 5 公斤时，仓被压破，领导又立即将我送到南京铁道医学院附属医院抢救治疗，经医院全力抢救，才得以脱险。

潜水员合影

上一次左国胜下潜 60 多米，已险象环生，现在得下潜 82 米，别说潜水班没有过，当时国内也没有这样的纪录。

面对情况复杂的江底地质，以现有的潜水设备最深也只能下潜 50 米左右。大桥局请来上海第二军医大学的深潜水专家刘景昌、部队的潜水兵李波等人。他们带来了一套代号“Ⅲ螺旋”的苏式深潜设备。这种设备是用氦氧混合气供人进行深水作业（用普通氧气在 30 米以下人体易中毒），即便如此也只是在加压仓内试验过，实际操作中还没有下潜超过 80 米。

为了让潜水班的同志熟练掌握这套设备，专家们一遍又一遍地向他们传授深潜技术，讲解设备的性能特点、操作程序，反复演练。几位潜水员还去了一趟上海接受为期半个月的加压训练。每当加压仓内压力加大时，人就感到头晕、恶心、呕吐，当压力增强到 10 公斤时，说话的声音都变了，大脑的记忆也不是怎么清晰了。

1965 年 12 月的一天，江水刺骨，大桥局潜水工左国胜穿好重潜水服，背着氦氧混合气钢瓶，深潜水专家刘景昌再一次为他检查了装具，叮嘱注意的事项。左国胜进入第 3 号柱孔内，1 分多钟后，他明显感到身体受潜水服的挤压，耳鸣，胸闷，呼吸不畅；2 分钟后，他按要求快速下潜，当到达 82 米深的柱孔底部时，感觉跟在加压仓内截然不同，四周一片漆黑，潜水服在近 9 个大气压下像胶布一样紧紧贴在身上，扯都扯不开，耳膜嗡嗡直响，疼痛难忍，想转动一下眼球都很困难，血液像是凝固了一样，呼吸吃力，行动非常困难。左国胜开始清理基坑，检查井壁破碎坍塌程度。这些在地面看来非常容易的事，可在水下就“举步维艰”，往往要忙上几十分钟。

深水作业 1 天只能下去 1 个人，在水下最多只能呆 30 分钟，然后开始慢慢上浮。上浮时从水下到水面要花 6 个小时以上。上升快了，就会有生命危险或留下终身残疾。这套潜水装具复杂，着装慢，进加压仓也很费时间。当时一瓶氦气的价格要七八百元（也有说法要两千余元），为了使氦气在装具内循环，得以充分利用，节约成本，潜水工在水下作业时，要做到尽量少排气，以减少氦气的消耗。

时任大桥局二桥处潜水工胡宝玲回忆：潜水工是大桥建设中的一个特殊工种，在水下高压情况下进行作业，有很多特殊要求，如实施水下减压法，作业时间不宜过长，要是在水下 60 米深处作业 20 分钟，就必须要在水中停留 3 个多小时进行减压，才能出水。否则会造成身体伤害，得减压痛。在水里减压，手冻得发麻，红肿，便溺也无法解决。如果实施水面吸氧减压法，则要承受舱内加压与减压造成的温度变化。冬天，舱外温度是 13℃，加压到 6.2 公斤时，舱内是 28℃，热得汗流浃背；而减压到 0.9 公斤时，舱内是 8℃，盖上棉被还冷得发抖。要这几十分钟内经历这么大的温度变化，不是什么人都能承受得了的。随着施工的进展，特别是江心几个桥墩的开工，需要进行深潜水作业，我们必须使用压缩空气普通潜水设备，突破那些潜水技术先进国家所规定的潜水深度极限。一天，我和宋文福、王子良及几个骨干商讨如何突破“深潜水关”。我们将相关设备和操作方法加以改进：把每块 15 公斤重的铅饼改为 18 公斤，每只潜水鞋也由 9 公

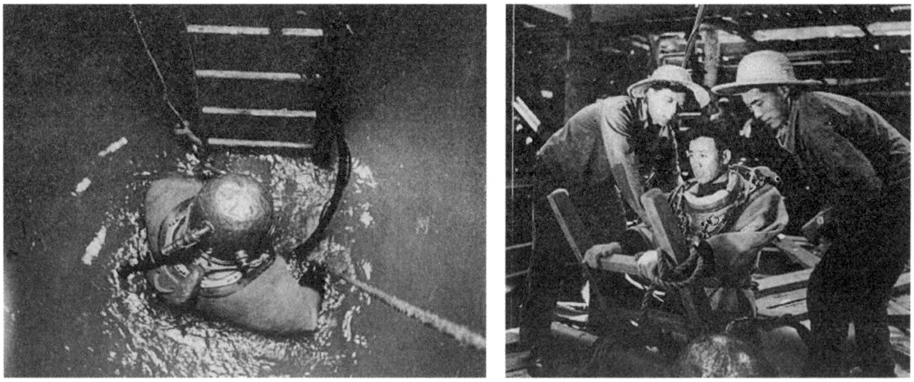

“水下尖兵”胡宝玲勇闯生命禁区

斤改为 12 公斤；用胶线绑在竹竿上作为测量尺寸的标记；把下潜速度改为每分钟 25~35 米，等等。经反复试验，1963 年初，终于在 7 号墩的潜水作业中，我们十几个同志连续突破了“警戒线”，下到 65 米深水下作业。后来，我们在上海海军医学研究所专家们的帮助下，创造出下潜 69 ~ 71 米的纪录。

当年的《新华日报》曾报道胡宝玲的潜水事迹：为了突破深潜水关，使身体能够适应水下高压，胡宝玲和他的战友们积极进行加压和减压的锻炼。在加压仓里，由于加压和减压，不仅肌体受着磨炼，同时还要经受从 40℃到 0℃以下气温变化的考验。热时，即使只穿短裤背心，也大汗淋漓，要用毛巾擦个不停；冷时，必须立即穿上衣服，盖上棉被。一天之内往往要经历春夏秋冬四个季节。经过一个时期的锻炼，正式进行深潜水的日子到来了。胡宝玲第一个带头下潜了。初冬的江水，冰凉彻骨，胡宝玲冷得上下牙直打架，两只手冻得又紫又肿。20 米、30 米、40 米……越往下潜，越头脑发胀、呼吸局促。恶心、唇麻等高压的反应也都来了。黑洞洞的江水中，胡宝玲忍受着常人想象不到的高压，坚持下潜。岸上的战友通过水下电话关切地询问：“老胡，怎么样？”胡宝玲坚定地回答：“感觉良好！”胡宝玲当年被誉为“水下尖兵”。1970 年 5 月，他作为中国工人代表团成员之一出访阿尔巴尼亚，1975 年当选为四届全国人大代表，曾任大桥二处工会主席、武汉大桥局工会主席。

大桥局二桥处潜水班潜水医师尹仲昆回忆：1964 年 5 月，大桥建设中，深潜水作业急需医生，我从南京铁路医院调到二桥处潜水班。由临床医师改做潜水医师，工作性质完全不同了，许多东西要重新学习。上海海军医学研究所为了支援南京大桥的深潜水作业，正在进行水面吸氧减压的实验。

领导派我与刘敬孟医师一道去上海学习潜水医学知识。两个月后，我们与科研组的同志一道回到南京，从此，开始了我的潜水医师工作。二桥处有2个潜水班，30名潜水工，年龄大都在20多岁，最大的37岁，大多有6年以上的工龄，有一定的潜水经验。潜水工由于是在水下高压条件下作业，对身体素质要求很高，因此，平时必须加强体能锻炼。潜水工集中食宿，宿舍外面是一个篮球场，附近还安装了秋千架、单杠、双杠等锻炼器材。篮球场上经常可以看到潜水工们生龙活虎的身影。尽管当时经济很困难，但上级为潜水工专门设立了小食堂，提高伙食补助标准，以保证潜水工必要的营养。潜水班配备了3名专职潜水医师。我们与潜水工们同吃、同住、同锻炼，熟悉每一位潜水工的身体情况，与他们结下了深厚情谊。潜水工除了体能锻炼外，还要在高压舱内进行高压适应能力的锻炼。当舱内升压时，气温急剧升高，减压时气温又迅速下降，可以说进一次舱就像经过了春、夏、秋、冬。舱内除了温度变化大以外，在高压下氮气麻醉也很明显，嘴唇发麻，反应迟钝，判断力低。实际潜水训练又进了一步，穿上潜水衣，全套装具在75公斤以上。夏天毛衣全部湿透，冬季两手冻得麻木红肿。考虑到减压的安全性，我们用秒表来计算时间。潜水采用水下减压法，潜水工在完成水下作业后，按照计算好的潜水减压表一站一站地停留减压，没完成减压过程是不能出水的。如水深60米，工作15分钟，在水下减压就要达到60分钟。在夏天还可以坚持，冬季水温只有8 ~ 9℃，潜水工体力消耗过大，工作效率也很低，大部分时间用在减压过程中了。在建设大桥过程中，我做了一年多的潜水医务保障，圆满完成上千人次潜水作业及加压训练，潜水作业最深达71米，加压最高达7.2公斤 / 平方厘米，没有发生一例潜水疾病，这在当年是十分不容易的。

五、人在沉井在

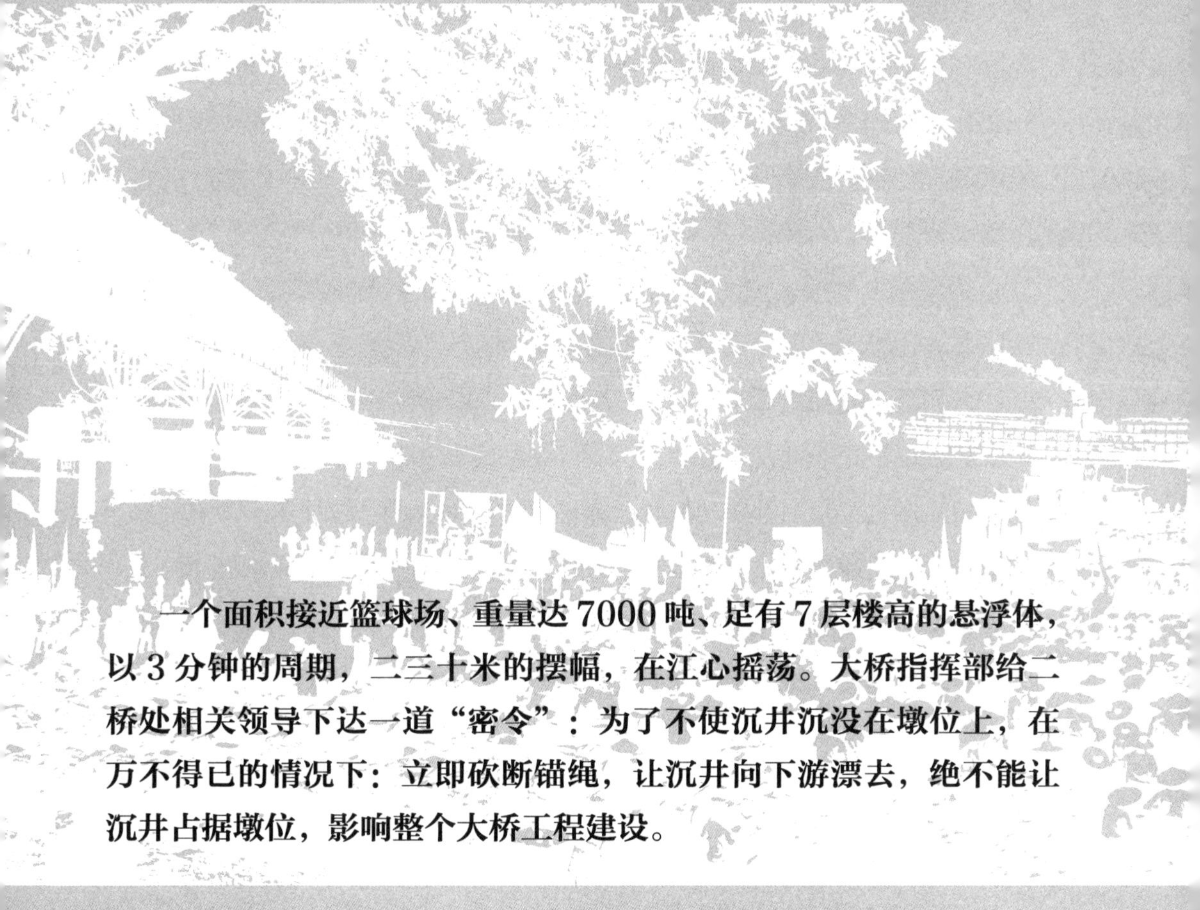

一个面积接近篮球场、重量达 7000 吨、足有 7 层楼高的悬浮体，以 3 分钟的周期，二三十米的摆幅，在江心摇荡。大桥指挥部给二桥处相关领导下达一道“密令”：为了不使沉井沉没在墩位上，在万不得已的情况下：立即砍断锚绳，让沉井向下游漂去，绝不能让沉井占据墩位，影响整个大桥工程建设。

大桥九个桥墩是从两岸依次向江中心修的，越到后面建桥者经验越多、技术越熟练，但面临的困难也越多，江水更深，江底地质情况更复杂，由于其他已经建好的桥墩阻挡了部分江流，使得江水更加湍急。

6号墩于1962年12月10日开工，1966年1月19日竣工。

6号墩的施工技术工作，主要由刘长元、周民侠、刘培良、马宏焕等四名工程师以及另外三名领工员和三名技术员共十人参加倒班。他们在7号墩沉井施工的基础上对6号墩施工技术工作做了诸多改进，使工期提前了一个多月。

4号墩于1964年2月7日开工，1966年4月11日竣工。

5号桥墩1964年2月9日开工，1966年4月11日竣工。

大桥局二桥处副总工程师殷万寿回忆：1964年9月18日深夜，一阵急促的电话铃声把我从梦中惊醒，5号墩的值班工程师说：5号墩沉井的边锚绳突然被拉断，沉井已开始摆动，一位工人在抢补锚绳时不幸被绞车轧伤。听完电话，我立即跑步赶到现场，看到那位受伤的工人从导向船上被抬了下来，脸色蜡黄，伤势严重，已昏迷不醒。我向救护人员交代，请医院务必尽一切力量抢救伤员。伤员被抬走后，我急忙登上导向船，在船尾出事地点，忽然发现一只断手臂挂在绞车上，我脑海里闪出断肢再植的念头，立即快步上前，抓起血淋淋的断臂，飞步赶上救护人员，将断臂交给他们。

5 号墩沉井第一根边锚绳被拉断后，沉井开始摆动，其他边锚绳相继被拉断。5 号墩沉井此时入水达 14.2 米深，呈悬浮下沉状态，很快沉井左右摆幅达 30 多米，上下起伏达 1 米多，情况异常严峻。那是一种大幅度低频率的振动，锚锭船与导向船连接拉缆的受力随浮体的位移而不断改变，外侧紧张，内侧松弛，使拉缆出现了高度的超应力与疲劳作用，沉井随时有可能像脱缰野马完全失去控制。

时任大桥局二桥处设计组组长林荫岳回忆：9 月 18 日晚上 8 时 35 分，意想不到的情况发生了，连接南岸一侧导向船的边锚，其直径为 43.5 毫米的钢缆居然在水中被磨断了，5 号墩沉井开始晃动。我接到任务后立即进行设计计算，并发出通知单，要求施工部门在断缆锚位附近补抛一个新锚。新锚仍用 25 吨重的钢筋混凝土锚，直径为 48 毫米的锚链 108 米，直径 37 毫米的钢缆 250 米。这就需要动用一艘 40 米长的铁驳在舱面上装锚，并以二三十米的长度将粗大的锚链排好，与之联结的钢丝绳也盘成了一个大圈。准备好了 2 个班的装吊工，1 个班的水手，2 艘拖轮，1 组测量人员以及各种连接件、工具和绞车。还动用了当时全国起重能力最大的 75 吨吊船。9 月 19 日下午 5 时 10 分，又传来第二根边锚绳断裂的消息，沉井左右晃动加剧。我随领导立即赶到现场了解情况。9 月 20 日，第三根边锚绳断裂，沉井朝南北向摆动幅度加大。二桥处采取应急措施，一天就补抛了 3 个 25 吨重的混凝土锚。然而，其中的 1 根第二天就断了。22 日又连续断了 4 根边锚，截至 23 日晚 7 时，5 号墩导向船组的边锚断裂数累计达到了 9 根！

屋漏偏逢连夜雨，接下来就是三天狂风暴雨，交通船无法启航。参加抢险的人被困在江中，没有吃的、没有喝的、没有地方休息，有的只是层出不穷的险情。沉井摆动时绷得很紧的前定位船缆绳，被上游冲下的稻草、草包等漂浮物缠绕，如不及时清除，就会增加缆绳的负荷，使缆绳绷断。工人们冒着生命危险，顺着缆绳滑下去清除缆绳上的漂浮物。有一次，正当缆绳的铆扣绷断时，一位没有留下姓名的青年工人为了不让船上的缆绳窜下水去，奋不顾身扑过去，紧紧拉住缆绳，迅速将缆绳套上了管柱。在抢险的日子里，因为风大浪急，岸上的人无法到桥墩上去换班，墩上的职工连着干了三天三夜。饿了，啃一口冷馒头（当时墩上有简易食堂）；累了，就在船上打个盹。有一次，通往配电房的水下电缆，因遭受长时间洪水冲击，突然断了，顿时，沉井上的照明灯熄灭，各种机械停止了工作。接通电源必须上到沉井下游 30 多米外的江中“孤岛”配电房。通往配电房的跳板，因风浪大早已拆除。这时，水流又急又猛，漩涡一个接着一个，大船无法靠拢，即使水性再好的人也游不过去。在这关键时刻，共产党员、电工杨卫东挺身而出，与电工王耀宗及另一名水手受领任务。他们乘着橡皮筏子，顶风破浪前进。橡皮筏在巨浪中像一片树叶一样起起伏伏，刚要接近配电房时，一个浪打来，又被冲了回来。一连两次都没有成功。后来，他们改用小舢板顺着水势冲上去。当他们又一次冲到离配电房一米远左右的地方时，杨卫东顺着手电筒光束，猛地挥起手中的竹篙，钩住管柱上的吊梯，借着浪涛的颠簸，纵身跳上配电房，随即接通电源，施工现场顿时又灯火通明。

风雨激流中，抢险还在继续！

想想看，一个面积接近篮球场、重量达 7000 吨、足有 7 层楼高的悬浮体，以 3 分钟的周期，二三十米的摆幅，在江心摇荡。工地上每个人的心都提到嗓子眼里。

在 5 号墩中心下游 32 米处，有一根直径为 3.6 米的预应力混凝土大管柱，这是固定在江底作为水上变电站基础的。浮式沉井的边锚一根根断裂后，万一主锚再失去工作能力，浮式沉井就有可能会撞到变电站的大管柱上，沉井如果被撞毁，将对整个大桥建设产生极其严重的后果。

情势危急，大桥指挥部和二桥处的领导积极组织抢险。缺乏物资，大桥工程局立即向全国各地紧急求援、调拨。上海用特快专车送来了直径 57 厘米的加粗缆绳；沈阳用专车送来缆绳；青岛、连云港、东海舰队也都纷纷派员支援；武汉长航局立即开了两艘 2000 匹马力的拖轮前来支援；大连生产的锚链，得到铁道部特批，挂在客车后面运来，有的配件甚至空运过来。同时，在工地上紧急生产了一批混凝土锚以作备用。二桥处还组织专家分析摆动原因，寻求止摆办法。

一波未平，又添一波。

9 月 28 日，4 号墩沉井也发生摇摆，入水深度达 19.3 米，最大摆幅达 58.6 米。

时任大桥局四桥处施工科技术员冯志涟回忆：1964 年 9 月 28 日，早晨刚上班，四桥处总工程师邹义章从办公室跑步赶往江边码头，满脸焦急，那天正是国庆节前例行全处安全大检查，我是施工技术科兼管水上锚锭设施检查的技术员，当即一同上了 4 号墩。4 号墩施工现场气氛极其紧张，随处可见“危险”“禁区”的牌子。没有下到覆盖层悬浮在水中的沉井，就像一艘在狂风大浪中失去控制的海轮，左右摆幅近 60 米，上下起伏一二米。它所依附的两条 800 吨大铁驳导向船，也随之大幅度晃动起来。导向船上 10 来根直径达 39 ~ 43.5 毫米的边锚钢缆，一清早就连接断了 2 根。总工程师邹义章、副总工程师肖传仁、安全质量科技师尚国志等都赶来了。我们 4 个人就蹲在导向铁驳边沿的“禁区”里，边观察险情，边研究应急措施。根据上下游好几根边锚钢缆麻心外露的严重情况，交代“姚纪福装吊班”迅速加固，增添边锚，通知调度尽快撤走相邻的水上混凝土工厂、辅助工作船等。等布置完后我们 4 人就往回走，我走在后面，刚迈出两步，就听“轰”的一声，如同手榴弹爆炸，我顿时失去了知觉。事后得知，原来是绷断的锚缆击碎了我左腿的股骨。伤口经过简单包扎，我被急送至南京铁道医学院附属医院。经会诊，多数医生提出，股骨开放性、粉碎性骨折，按常规只能做截肢处理。听取会诊意见的四桥处党委的同志一再恳求保留我的左腿，在场的医务人员倍受感动。骨科主任吴鼎新最后表示，愿尽全力保留我的左腿。我躺在病床上，心里总想着建桥工地。前来看望的同志告诉我，4 号墩在 28 日这一天绷断了 7 根特粗的锚缆，飞走了 3 个马口。在医务人员的精心治疗下，我度过了危险期。最后，左腿竟奇迹般地接上了。我至今还保存着负伤时摄下的 X 光片，也算是我参加南京长江大桥建设的一个特殊纪念吧。

时任大桥局施工地调度龙其普回忆：那是南京大桥施工中碰到的最大的一次危机，我们调度人员天天都跟大家一样着急上火，觉也睡不稳，饭也吃不香，专家都没遇到过这种事情，从上到下都没办法，当时的情况真叫束手无策。它老是摆，继续抛锚，锚绳还是被崩断。当时两边是导向船，上下游是定位船，四个方向都有，暂时把它拉住了。我们先是找长航租来两千马力的拖轮，夹在两边起一个稳住的作用，效果是有一点，但是不彻底，再说拖轮长期如此也不是办法。最后广大职工和专家集思广益，大家想办法，不能再死拉着，因为物极必反，拉狠了就断了。我们就在两边的导向船上用一个活力，就是在大的平板铁驳上铺上钢轨，做一个有轮子的小车拉着，小车压重，这样摆起来后小车可以来回走，不硬性止摆，用缓冲的办法，时间长一点以后，随着长江洪水威力慢慢减弱，慢慢地也就控制住了，钢沉井就不摆了，这种办法叫作滑行小车缓冲止摆法。5 号墩抢险时间长达两个多月，工人们非常辛苦，他们冒着生命危险日夜守在墩子上。我在调度室值班，随时掌握情况。那时候天气预报没有现在这么准，通讯也没有现在这么便利。南京市气象台跟我们保持电话联系，随时向我们报告天气预报。气象台的预报让我们有备无患，预报要有风了，台风真的来了，但是墩子上施工不能停，工人们依旧在墩子上面值班，这时候吃饭也就成了问题。平时吃饭由拖轮直接送到墩子上，因为是三班倒，夜班也要送吃的。一刮大风，江上波涛汹涌，颠簸很厉害，拖轮根本靠不了导向船，他们就把拖轮开到附近，抡起胳膊把食物抛上导向船，上面的人再接着，有馒头、香肠、萝卜干等。船靠不了，没办法交接班，人员下不来上不去，原来在上面的人只得继续值班。台风一来，我们就要调动水上大型机械避风，吊船拖到避风港，确保人和设备的安全。但是即使是雨天，工地也依旧继续施工，我们建桥工人就是有着一不怕苦、二不怕死的精神气概。

这一年9月，长江上游雨水很多，秋汛突发，洪水滚滚而下，给沉井的止摆带来巨大困难。正在施工中的4号、5号墩沉井两个巨大的漂浮物，处在长江的主流位置。沉井由直径为43.5毫米的钢丝绳固定在定位船上从上下游方向拉住，上游和下游的定位船又分别由12个36吨重的主锚和6个25吨重的尾锚锚住，沉井左右两侧各设导向船和边锚。由于当时大桥的1、2、3、6、7、8、9号墩先于4、5号墩施工，且1、2、7、8号墩已竣工，3、6、9号墩基本建成，在江中屹立着的7根“中流砥柱”，使江水向4、5号墩施工处集中，流速增大，加之水流又呈“之”字形摆动，使定位船夹着的沉井受到横向推力的影响，牵动定位船的边锚绳。而边锚绳是从江底拉向定位船甲板的，其方向是横斜的，正好受摆动水流的冲击而断裂，所幸上游定位船主锚绳与水流成顺流方向，自身的弹力又较小，所以尚能稳定，这样沉井就没有发生漂移的危险。

在抢险过程中，专家们采用多种办法，如数次更换锚绳、顺向收紧锚绳、2000匹马力的大拖轮反向顶推及摩擦产生阻力抑制摆动等一系列止摆措施，均不见效。沉井每3分钟1次不停地摆动，情况愈来愈严重。

在万般无奈的情况下，大桥指挥部给二桥处相关领导下达一道“密令”：为了不使沉井沉没在墩位上，在万不得已的情况下：立即砍断锚绳，让沉井向下游漂去，绝不能让沉井占据墩位，影响整个大桥工程建设。即使如此也危险重重，因为一个完全失去控制的7000吨重的漂浮物，会造成什么样的祸患？砍断锚绳，这多根锚绳不可能同时砍断，存在着时间差，很可能会出现人员伤亡的悲剧……

这一严重情况上报至铁道部、国务院。国务院命令长航局两艘2000匹马力的拖轮加速前进，紧靠导向铁驳日夜顶推。

24日一早，5号墩导向船准备了6个边锚，另加1根联结4号墩导向船的拉缆，同时收紧锚绳。浮体的摆幅暂时从23米减小到8.2米。然而，到了当天中班，联结4号墩的拉缆突然断裂，浮体的摆幅又迅速增大。

二桥处的设计组长林荫岳冷静分析，沉井摆动是桥孔压缩使水流紊乱，边锚受力不均失去平衡所致。当时正值长江第二次洪峰来临，水面上停靠众多船舶，桥墩全面施工，形成较大的挡水面积，造成流速增大，且流向紊乱。从理论上说，摆动是由于卡门涡流效应，涡流的自激作用促使浮体振幅扩大。

到底该如何制止摆动呢？林荫岳收集了沉井摆幅的时程曲线资料，对7000吨浮体的横向摆动力作了理论分析。钢缆、锚链连续被拉断，这并不是单纯的受拉应力破坏，这里有钢缆弯折局部应力、锚链扭转应力等复杂因素。他经过周密计算，浮体横向摆动的力只有20吨。摆动物体所含的动能，来自滔滔不绝的水流冲击力。如何把这个动能转化为做功？他提出平衡重止摆船的设计构思。这个装置的原理是两个边锚缆分别通过一个挂在支架上的平衡重，锚缆的一端联结在卷扬机上。浮体摆动时随着锚缆的张弛，卷扬机使平衡重始终保持悬吊状态。

林荫岳的设计方案经过论证后被上级采纳，他以最快的速度拿出平衡重止摆船设计图纸，工人们在现场夜以继日地加班赶做。10 月 4 日开始拼装，8 日将两艘船拖靠到 5 号墩导向船两侧，试运转时发现船首导引钢缆转向的马口状态欠佳，他又连续奋战 30 个小时，设计出一种立体双向马口图纸，既省工省料，又容易制造。12 日开始启用，浮体的摆幅大大缩小。紧接着，林荫岳又设计了一种钢丝绳测力架。18 日，工程队将 5 号墩的全部边锚在受力均匀的前提下逐步收紧。就这样，摆动时间达 1 个月、摆动次数 1.3 万余次、先后断过 12 根锚缆的 5 号墩浮体在 10 月 19 日终于被稳定住了。11 月 6 日，两艘止摆船用于 4 号墩作业，10 个小时后，4 号墩浮式沉井也停止摆动。

林荫岳设计的平衡重止摆船，后来在二桥处召开的 5 号墩止摆总结大会上获得一等奖。1980 年 9 月，林荫岳作为中国土木工程学会代表团成员，参加了国际桥梁与结构学会在维也纳召开的第 11 届大会，他在会上宣读了题为《深水浮式沉井的摆动》的学术论文，受到国际桥梁专家们的一致称赞。

在建造南京长江大桥过程中广大职工有很多发明创造，如深水沉井浮运、定位和下沉，设计制造了移动式压桩架等，很多达到当时国际领先水平，有的技术至今沿用，有的现在可能已经落伍，但老桥工们那种冲天干劲、那种首创精神对于今天“大众创业、万众创新”朝气蓬勃的新时代仍很有意义。

4、5 号墩抢险任务结束后，大桥局文工团员立刻创作出歌舞《抢险》，演员们再现勇士们在滔滔洪水中手挽手肩并肩，呼喊着气壮山河的号子，演绎出南京长江大桥建设中最为惊心动魄的一幕。节目在工人中引起极大反响，鼓舞起大家斗志昂扬的士气。

当年在大桥建设工地，除了南京，乃至全国各地来慰问演出的文艺团体，大桥局也有一支近似“游击队”的集体——大桥局文工团，他

大桥职工观看文艺演出

们的主要任务是吹拉弹唱，由桥工们写桥工，唱桥工，演桥工。有道说“一顿肉管一天，一台戏能管三五天”，当年文化娱乐活动稀缺，看一场演出、一部电影，桥工们好几天还在津津乐道。大桥局组建之初很多领导是部队出来的，他们懂得鼓舞士气的重要，也很重视职工的文艺生活，在文工团成立前，就经常组织“慰问团”，从职工中抽调一批“活跃分子”，临时组成文艺小分队，排练一些反映桥工生产生活的节目，赴各工地慰问演出。

当年大桥局文工团主要由三类人员组成：一是从事过多年文艺工作的专业人士，如原部队文工团的任选模、孔昭秀，原部队军乐团的文天任、张少卿，中南音专毕业的黎美生等；二是有扎实功底的文艺骨干，如从济南铁路局调来的乐手初昭荣，吹拉弹唱，无所不会，尤善丝弦。湖北籍的曲艺能手叶芳金，幽默诙谐，能编善演。男高音李少峰，音色优美，感情充沛，他原来是位俄文翻译，在建设武汉大桥时与苏联专家联欢，他经常引吭高歌，博得阵阵掌声。从香港归来的冯维坚，他在河南省国庆阅兵式上吹奏过黑管，也算上过大舞台，见过大场面。洪凤艳是技校毕业的学生，是工地上一名女焊工，只因为她性格活泼，喜欢唱歌，被挑进文工团当演员，她在《洪湖赤卫队》《白毛女》的前半场中饰演过韩英、喜儿，很受大家欢迎。还有能歌善演，一专多能，一专多会的蔡琢、刘松林、毛德歉、单庆余、孙树琪、李芝芳、梁庆华等等；三是刚参加工作不久的文艺青年，其中的佼佼者有笛子演奏家陆春龄的关门弟子韩克仁。歌声高亢优美的聂章林，曾在《白毛女》

中饰演过杨白劳。还有舞跳得很好的方文生、谢文南、王先明、张秀云等，以及小提琴演奏员、团里年纪最小的朱延龄，拉小提琴原来纯粹是他个人爱好，没想到被选进文工团做舞美。

这支 60 余人的演出队伍，除了表演《洪湖赤卫队》《白毛女》等经典曲目外，他们还自己创作了一批极具建桥人特色的节目，如《桥

文工团员在南京大桥留影

演出剧照

工号子》、器乐合奏《沸腾的桥梁工地》、男声小合唱《桥工赞》、表演唱《四个老汉看大桥》、歌舞《桥梁女民兵》等一批反映南京长江大桥建设的文艺节目。每次演出，演员们个个英姿飒爽，舞姿翩翩，好几次在南京人民大会堂演出时，赢得满堂喝彩，盛况空前，一时声名大振，就连时任铁道部部长刘建章看了都赞不绝口。

文工团大多数时候是在大桥工地上演出，有时也会去一些兄弟单位进行慰问演出。他们去济南铁路局表演，还慰问过南京市政府和人民群众、当地驻军。演出时会发门票，但不卖票，来看的人扶老携幼，人山人海，热闹得很呢。文工团还代表南京市，为亚非拉来访的各国工会代表团，举办过多场大型文艺晚会，一时好评如潮。

后来，国家经济遇到困难，上级指示要压缩非生产性机构和人员，大桥局就将这支文艺队伍成建制的下放到大桥四处，俗称“打埋伏”，

让他们平时坚持生产劳动，有重大活动的时候，集中在一起排练节目。

在浇筑桥墩最艰难最关键的时候，一边是上千工人热火朝天、昼夜不停地施工，一边是红旗招展，锣鼓喧天，乐声震天，文工团员们热闹非凡、慷慨激昂的精彩演出，那场景有点像解放战争时期，部队文工团在后方不远处演出，前面指战员们在浴血奋战，杀声震耳，指战员们换一批下来歇一脚、看完演出，马上又嗷叫着冲上去，或许他们刚刚看到自己的英勇事迹呈现在舞台上，被传唱、演绎……那种方式对士气鼓舞、昂扬斗志，不是简单的战前动员所能替代的。

时任大桥局文工团团员杨恒新回忆：我是湖南邵阳人，自幼爱好文艺，曾受过短时间的专业训练。1949 年，我 14 岁就报名参军，后便被分配到部队文工团，从那时起就经常下连队，帮助基层开展文艺工作。在部队是为兵演出，还要帮助基层连队开展业余文艺活动，培养基层的文艺骨干，一年有三到四个月都在基层连队，其他时间就是排练、巡演。我在部队干了 6 年，复员了，回到老家后，偶然看到了铁道部大桥工程局在湖南招人。其实当时我不太了解大桥局具体是干什么的，先报了名，等我来了武汉才知道大桥局是修桥梁的。我 1955 年进大桥局，先在桥梁职工职业学校（现为武汉铁路桥梁职业学院）学习了半年，而后去做工程调度，在这个岗位上待了 5 年。1960 年，由于我有文艺基础，又曾在部队文工团干过，就被选拔到大桥局文工团。文工团当时队伍比较简单，只有一个演出队，分男队和女队，还有一个乐队，我在乐队里负责音乐指挥和乐曲创作。我们的演出深受群众欢迎，有一次，文工团为南京市浦口区“贫代会”表演《白毛女》，演员李世峰饰演黄世仁。大家演得很投入，台下观众看得也入戏。当剧情进入高潮时，台下的贫下中农差点冲上来揍他，这样的情况不止出现过一次。1968 年底，大桥通车时我们每个人手拿着一本《毛主席语录》，边跳舞边唱“敬爱的毛主席，我们心中的红太阳”，从桥南跳到桥北，大桥虽然很长，但大家都高兴得欢天喜地，一点也不感觉到累。这可是我们新中国自己修的第一座大桥！

大桥文工团演出转战全国各个建桥工地，活跃在建桥工人中长达20余年。1983年山东黄河大桥开工前夕，文工团到山东黄河桥、河北青龙河桥、滦河桥工地作最后一次巡回演出，完成了它的历史使命，徐徐谢幕。

由于4、5号墩沉井左右摇摆，使工期延长近半年，为了挽回耽误的时间，工人们加班加点抢进程。

时任大桥局二桥处副处长王弢回忆：1964年12月31日，沉井落到河床，吸泥下沉是关键。沉井要穿越30米深覆盖层才能到达硬岩层，这是非常费时且关键的工序，直到1965年6月6日才把5号墩沉井落到坚实的岩层，共计耗时158天。紧接着就是清理风化岩，整平基底残渣，填补沉井四周刃脚嵌入不严的缝隙。这些工作除采用高压射水和吸泥外，还需要大量的深潜水作业。在70米的深水中工作，潜水员们要克服许多难以想象的困难。尽管此前已做了周密布置，1965年2月9日早上7点整，1000个工人和100名干部都到齐了。指挥台发出第一号指令："各就各位，立即进行检查、试车。"一行动起来后发现由于准备工作欠缺考虑，还有不少问题需要临时处理，因此延迟到上午11点才正式开盘。一声令下，6座混凝土工厂和3艘吊船全部启动，垒场机器轰鸣。这时，1000多人的施工现场显得忙碌紧张而平静。指挥台上工作人员各司其职，一切有条不紊地进行着。第一斗混凝土吊上来了！第二斗、第三斗也吊上来了！储料槽满了！这时我和殷万寿走上中层平台，监督第一根导管的混凝土灌注，一次成功。接着，混凝土源源不断地通过20根70米长的导管输送到沉井基底。

时任大桥局副总工程师、高级工程师戴尔宾回忆：我当时兼调度长，有一部电话机放在床头。曾有多次，三更半夜起来解决施工中问题。开工点越来越多，困难越大，必须各部门的通力合作，从大局出发，服从调配，才能使整个工程得以顺利进行。

5 号墩封底混凝土灌注顺利，刚开始，6 座混凝土工厂每小时只能生产混凝土 50—60 立方米，3 小时以后，每小时达到了 90 立方米。到晚上 7 点交班时，共计灌注混凝土 650 立方米，基本达到要求。夜班的 1000 人上来了，交接班后战斗继续进行，这是最关键的一个夜班，必须把群众的旺盛斗志保持下去。6 座混凝土工厂是临时组装起来的半自动化工厂，由人工上料，劳动强度很大。一个叫刘福庭的混凝土工，工作积极，从早上上班已整整干了 13 个小时，大家叫他回去休息，他就是不肯。9 日夜里，6 座混凝土工厂的产量每小时已达到 100 立方米，到 10 日早上 7 时，累计生产混凝土 1800 立方米。

江水奔流不息，江面上船舶、吊机、发电船，混凝土厂，灯火辉煌，机械轰鸣，人声鼎沸，远看如江面上冒出一个热火朝天的大工厂。在混凝土浇筑过程中，工人们还创造了一项发明，就是要保证混凝土“不洗澡”。混凝土一洗澡水泥就没有了，只剩下石子沙子。工人们在导管里放上用绳子拴的木球，混凝土灌下去以后，把绳子砍断，混凝土挤压木球，木球压水，如此确保混凝土不进水。这是工人们在实际工作中摸索出来的方法。

10 日早上，天空下起了小雨，伴有 3 级东北风。船组开始颠簸，特别是沙石铁驳受影响较大，因为沙石是从一端取料，必然引起另一端翘起，同时给吊船对位造成困难，这不但影响施工进度，还存在不安全因素。由于船组变形，跳板、安全网也随之错位，必须立即纠正以保证安全。指挥台通知各工点加强安全措施，所有干部要到施工第一线抓安全。

2017 年 12 月 8 日，20 多位老桥工在南京栖霞区和燕路一个小饭店聚会，笔者应邀参加了。一个个年入古稀、老态龙钟的“老伙计”见面兴致高涨，豪情勃发，仿佛又回到年轻时候。我们现在看到的大桥高高耸立的公、铁路桥桥墩，方正光洁，外观很美，那一座座高大桥墩的混凝土，是在严密的模型板框子里，经过仔细捣固而成的。混凝土工每天七、八个小时闷在模板和钢筋中间，里面的温度比外面高出10多度。正桥桥墩有的使用3米直径的钢筋混凝土管柱，每两个管柱接头要用钢制法兰盘衔接，螺栓拧紧之后，其缝隙还得由电焊工下到管柱中间用电焊补焊，里面不通风，温度又高，工人们戏称是“烤鸭炉”。钢筋工袁昌建回忆：那时候我才17岁，建5号墩时每天用18磅的大锤把钢筋锤直，吃饭时手累得举不起筷子。5号墩里用的全是40毫米粗的钢筋，先由钢筋工密密麻麻有序扎在一起，再经过电焊工焊接，里面是怎样的工作环境呢？烟雾缭绕，高温闷热，电弧闪烁，火光飞溅，一天下来眼睛又红又肿，晚上睡觉眼睛里像揉进沙子，这时候如果用母乳浸润眼睛，好得快，但是哪有那么多母乳呢，只能滴眼药水，第二天红肿着眼睛继续上工。

轮扭工（辅助工种）李来茂回忆：奋战5号墩真难忘呀。机器昼夜不停，我们一只胳膊夹一包水泥一路小跑，一手抓起馒头往嘴里塞。当时的口号是“打好5号墩，埋葬约翰逊”。约翰逊是时任美国第36任总统，那时候中美关系处于敌对状态，美国人怎么也想不到在南京长江大桥工地，他们的总统“躺枪”。

1964年12月8日，南京栖霞燕子矶首批110余名青年乘坐两辆“嘎斯”车前往大桥工地，当年燕子矶镇先后有330余名青年参加大桥建设。从此，12月8日就是他们的“入伍（当年实行军事化管理，按连排序列编制劳动班组）”纪念日，从1999年老桥工们入伍35周年纪念日开始，他们每年的这一天聚集到出发地，回首当年。现在他们年岁已高，参加聚会的人数一年比一年少了。

风雨交加，人马困顿，经过 22 小时连续作战，于 1965 年 2 月 10 日上午 9 时终于完成 5 号墩的封底混凝土灌注任务。

1966 年 4 月，尽管已经是春天了，长江上依然春寒料峭，凛冽江风吹得人直打战。地理之山脉水文总是那么奇妙，就隔一条江，江南

九个桥墩出水

的春天比江北要早到三五天，从草色遥看可以感觉出来，还有同样的无线电信号，经过长江就会衰减很多。4000 多人历经 6 年多艰苦奋斗，长江上终于巍然耸立起 9 座巨型桥墩，我们老祖宗虽然留下“行百里者半九十”的说法，从工程量上说已经过半，取得阶段性重大胜利，大江南北的工地上没有庆功的鲜花掌声和彩旗锣鼓，依旧紧张地忙碌着，很多工人似乎感觉到了一种别样的氛围。

六、用忠诚浇筑

大家惊呼，赶快跑过去。只见严习荣吊在半空，随安全带上下弹动。我就把他往上拉，一个人拉不动，大家七手八脚把他拉了上来。严习荣当时脸色煞白，躺在桥面上，一句话没说，过了一会儿，哇地大哭起来，又过了一会儿，他又继续去紧螺栓。

大桥局局长彭敏在《南京长江大桥技术总结》的序言中写道：1967 年 8 月钢梁架设，在后人难以想象的情况下胜利合龙了，那最后几根杆件是“囚徒们”怀着对党和人民的无限忠诚，用泪水连成的。至此，主体工程基本完成。1968 年 9 月铁路通车，12 月公路通车。以后在“文化大革命”中种种颠倒是非、恶语中伤，在此就从略了。寥寥数语，背后隐含多少无奈与辛酸。

1966 年 5 月 8 日，毛泽东接见出席全国铁路、交通会议的全体代表，“南京长江大桥的工人代表无限幸福地见到了日夜思念的工人阶级的最高统帅毛主席！”消息传来，工地欢腾。

时任大桥局四桥处施工科技术员冯志涟回忆：1967 年七八月间，四桥处工地钢梁拼装伸臂离 4 号墩只差 3 个“米”字，这时悬臂最长、最重，夏天是大风季节，技术人员都知道，长时间大悬臂将出现钢梁下垂、难度增大、临时联结杆件破坏、钢梁翻入江中等情况，将会造成严重后果。由于受到政治风浪的冲击，一些工程技术人员离开了工地。然而，工程师甘家瑞却没有离开，施工停了下来，他心中十分焦急，耐心说服工地上的一派群众组织继续架设。这 3 个“米”字钢梁的拼装、铆合以及质量检查的技术工作，他一个人全包了下来，一直架到与南岸二桥处伸过来的钢梁合龙。

1966 年下半年，大桥局机关工作人员大都回武汉，“接受工人阶级再教育”，四桥处总工程师陈昌言留守负责缩编大桥局驻南京工作组。大桥局党委书记杜景云临行前紧紧拉住陈昌言的手：“我们就把南京桥交给你了，直到大桥建成后，如果质量、有任何隐患，唯你是问，这是组织的命令！”陈昌言是土生土长的南京人，在自己家门口修大桥有几多自豪，又有几多辛酸，他是坚守到最后的总工程师。1968 年 8 月中旬，铁路桥架通，首次试通车，司机说：“陈昌言不坐车头，我们不开火车！”陈昌言闻言，毫不犹豫地爬上载重火车头。

陈昌言修大桥真可谓殚精竭虑。南京大桥铁路引桥设计的 31.7 米跨度的钢筋混凝土预应力 T 形梁，当时在国内桥梁建设中属于空白，没有任何实例或可借鉴的资料。陈昌言搜集资料，集思广益，改造设备，1959 年在浦口岸边工地进行多次试验，后来又在南京梁厂做了整片梁的静载破坏性试验，验证载体的极限强度、刚度和稳定度。耗时一年多，压断 3 片梁，得出大量有价值的数据，改进了设计部门提供的图纸，为生产高质量的桥梁提供了可靠保证。那时候的工程计算完全靠工程师手工核对每个数字，白天测量数据，晚上一一核对数字，进行计算，劳动强度难以想象。正是这 3 片断梁保证了南京长江大桥几千片梁的安全性，乃至半个多世纪来火车的超负荷运行，大桥铁路线没有一片梁开裂更换。“藐视工人阶级，把工人比成卖瓜的”，大桥的钢桁梁的联结工艺是用铆钉烧红对准铆孔用风枪挤压铆死联结的，板层多（多达 9 层），板束厚（最厚达 180mm），整座大桥共有 155 多万个铆钉。工人们在现场炉旁烧制时温度很高，劳

南岸平衡梁安装结束后的全景

动强度极大。陈昌言的工作习惯是不喜欢听汇报、看报表，而是深入工地，亲临现场，认真察看，仔细检查。在架设钢梁的两年多时间里，他每天在梁上爬上爬下，来回巡视，督促质检人员认真检查，并时刻提醒工人："铆钉要烧红烧透，进孔要正，开裂弯曲的一定要重来。"有时工人们也会打趣地回答："陈总，您就放心吧，我们铆的钉一个也不会有问题。"陈昌言随口回应："你们可不要学王婆卖瓜，自卖自夸呀！"于是，这也成了他的一条"罪状"。"拖延工期，浪费财产"，大桥 3 号墩的下部结构是钢沉井加管柱基础，正处于河床地质的断裂带上，由于事先没有发现，结果在灌注水下混凝土时，水泥浆都流失了，难题很长时间无法解决。有天深夜，陈昌言突然惊喜地叫喊起来："好啦，解决了！"原来他殚精竭虑、苦思冥想中从国内外相关资料中受到启发。几天后，他把水利部的专家请到南京，请教研究，一套完整的"多孔联通填充灌浆"的施工方法出炉。通俗地说就是从断裂河床的大外圈逐渐向中心圈钻孔，清除残留物，向基岩夹层填充水泥砂浆，使断裂带由上而下形成一个很大很大的扎实混凝土实体，然后再钻孔做管柱基础。3 号墩从 1961 年 2 月开工，到 1966 年 4 月竣工，历时 5 年多，花了几百万。陈昌言据理回答："我吸取人家的经验，用的是最可靠的办法，不然，南京桥墩怎么会坚如磐石呢？"

江流滚滚，大桥屹立。1985 年，我国首次评选国家科技进步奖，"南京长江大桥建设新技术"荣获特等奖，陈昌言位列 7 名主要获奖者，并作为代表前往人民大会堂领奖。

大桥钢梁架设。1965 年 11 月 17 日，正桥钢梁开始架设，先从二桥处负责的南岸开始，北岸四桥处也随之进行。

时任大桥局工地设计组技术员林国雄回忆：我到钢梁组工作时，大桥的基础工程已近尾声，钢梁架设尚未开始，我的工作主要是配合架梁。当时设计组的负责人是游广祥（后来担任二桥处总工程师）。设计组内设三个小组：钢梁组，组长为方秦汉；桥头堡组，组长为胡壮卿；引桥组，组长为游广祥。我经常和工程处的职工一起工作，记得工地负责架梁的技术人员有罗其斌、万方等人。1965 年 11 月 17 日，正桥钢梁从南岸开始架设，随后在北岸进行架设，最后在 4 号墩合龙，1967 年 8 月 22 日全部架设完毕，历时 21 个月，宣告大桥主体工程基本完成。正桥钢梁总长 1576 米，跨中桁高 16 米，支点处桁高 30 米。由 3 联 9 孔跨度各 160 米连续钢桁梁和 1 孔 128 米简支钢桁梁组成，总重量 3.1 万多吨。大桥钢梁实现了精确就位，9 万根杆件准确无误地连接在一起，达到了当时世界先进水平。武汉长江大桥架设钢梁采用手工计算，南京长江大桥架梁采用计算机计算，对钢梁架设过程的应力和变形等问题进行了详细计算，准确率达到 95% 以上。

架设钢梁

正桥钢梁，主桁选用 16 锰低合金钢。大桥使用钢材原计划采用苏联的 HZ-2 号钢的钢材，25 级钢采用苏联的 CT3 和 M16C 号钢（焊接结构用）的钢材。1960 年，我国向苏联订购了 1.399 万吨，拟用于北岸第一孔 128 米简支梁和南岸 8—10 三孔连续梁以及架设钢梁用的临时连接杆件。随着中苏关系恶化，这批订货于 1961 年 4 月进行验收时，质量严重不过关，大部分钢板麻面，多肉，角钢肢宽超限，肢端多肉等，使钢梁制造工厂在工艺上增加了很多不必要的工序，这些钢材即使经过修缮仍不能使用，为了确保大桥质量，只好报废不用。我方向苏联进行交涉时，苏联提出必须放弃钢材可焊要求，或者将长板改为“杂尺料”交货。前者对大桥养护不利，后者则使南京大桥打满补丁（拼接板），这是严重有损我国形象和国际地位，我们断然拒绝。

大桥钢梁设计组工程师马运启回忆：南京大桥的钢梁跨度长达160米，且为公路、铁路两用桥，这就要求其大部分钢材的屈服强度必须达到35公斤/平方毫米。这种钢材称35级钢，这部分钢材占到钢梁用材的70%。大桥钢梁结构重3.1万吨，制造用钢材3.3万吨，因而35级钢材需2.3万吨，其余1万吨钢材其屈服强度只要求达到25公斤/平方毫米就可以了。

1961年下半年，国务院决定，南京大桥钢梁所用钢材不再进口，采用国产同等性能钢材替代苏联钢材，即在普通低合金结构钢16锰的基础上，试制提高到16锰桥梁钢的标准，替代苏联的HZ—2钢，用3号桥梁钢(A3G)替代苏联的CT3钢，用可焊的M16G替代苏联的M16C钢。A3G和M16G这两种钢，国内已能生产供应，武汉大桥钢梁上大量使用A3G钢材就是鞍山钢铁公司生产的。建设南京大桥之所以要从苏联进口钢材，不完全是技术难题，还考虑国内生产的安排问题。16锰钢的生产要在16锰的基础上试制提高，国家决定由鞍山钢铁公司进行试制。鞍钢人把这项任务看作是一项光荣的使命，因而把试制的16锰钢称作“争气钢”。

提及南京长江大桥和当年的中苏关系，就不得不说一个叫康斯坦丁·谢尔盖耶维奇·西林的苏联专家。在建设武汉长江大桥过程中，西林担任苏联专家组组长，面对水深流急的长江，初步设计的气压沉箱桥墩建设基础方案根本行不通，他大胆提出大型管柱钻孔法，这在当时世界桥梁史上也是从未用过的全新方案。正因为他的远见卓识，使武汉长江大桥仅用了2年零1个月就完工，原计划是4年零1个月。

西林对武汉长江大桥的建设功不可没，武汉长江大桥也成为他人生事业的“坐标”。大桥建成不久，他就被苏联政府授予通讯院院士。西林一直把武汉长江大桥亲切地称为“铁儿子”，20 世纪八九十年代，中国对外友好协会多次邀请西林来华，每当人们问起他访华的愿望是什么时，他总是毫不迟疑地回答：去武汉看我的“铁儿子”。西林去世后，其黑色花岗墓碑上，镂刻着的就是雄伟的武汉长江大桥。当年中共和苏共两党关系破裂，但两国人民仍然感情深厚。1960 年苏联撤走专家前夕，西林曾自费来到南京长江大桥施工现场考察，就桥墩重型沉井施工提出了一些意见和建议。

1961 年 11 月，铁道部派代表团赴鞍钢，商讨试制 16 锰钢材标准。当时鞍钢生产 16 锰钢材的成材率很低，只有 15% 左右，作为桥梁钢对钢材的物理性能和化学性能都有特殊要求，钢材供应的尺寸也比一般钢材结构要求更严格，定尺料多，大尺寸的有 16 ~ 18 米。为达到这一要求，鞍钢决定从炼钢开始，攻关研究，尽快生产出国产低合金桥梁钢。

鞍钢经过反复试验，1963 年开始正式生产低合金 16 锰桥梁钢，其成材率达 70% 以上。鞍钢为南京大桥建设共生产了 1.4 万吨 16 锰钢材，解决了大桥钢材使用的难题。1967 年完成钢梁的全部制造任务。正桥设计为双腹平弦菱形桁架，带下加劲弦的三孔连续钢桁梁，主跨 160 米。钢梁架设采用垒伸臂方案，从南北两岸分别向江中延伸，最后在位于江心的 4 号墩合龙。工地拼接钢梁，主桁采用直径 26 毫米的高头锥体铆钉铆合，全桥约用 155 万颗铆钉，而板束厚达 180 毫米，如果工艺不当，钉孔不能填满，就会直接影响大桥的整体质量。钢梁安装的精确度要求很高，每联上万吨重的结构物，纵横中线允许的偏差值都是以毫米计算。

1966 年冬，钢梁快要架到 7 号墩，气象台发出警报，将有 8 级大风和寒流侵袭南京。这是钢梁最大的悬臂阶段，钢梁如果架不到 7 号

钢梁安装

桥墩上，大风到来时就有被扭弯裂断的危险。关键时刻，王连义工班立即展开一场与大风争速度的奋战，他们顶着刺骨的寒风，使用万能杆件，在 7 号墩支架上拼装了一个临时钢架，把钢梁稳稳地托起，顶住了大风的袭击。

时任大桥局政治部宣传科科员部守云回忆：钢梁的架设，最重要的是不差分毫的南北两岸对接合龙。钢梁在温度变化、起顶、落顶、伸臂安装过程中，活动支座沿桥轴方向会有较大的移动，有的偏南、有的偏北，这就不在一条轴线上，严重影响钢梁的对接合龙，所以施工要精确到毫米。在钢梁架设的拼装中，每拼装一个大节间至少须拧紧 4500 个螺栓，加劲弦的节间须拧紧 9000 个螺栓。架梁用了 50 吨螺栓、40 吨冲钉和 6 吨垫圈。这些都是我们靠手工来完成的啊！有一个叫严习荣的职工，中共党员，他在紧螺栓时，因离要紧的螺栓有一定距离，他个子矮，嫌躬腰手劲不够力度，就双手往后撑住杆件，一用力屁股坐到杆件上，再用脚来蹬扳手，这样脚蹬比手劲大，结果一用力，人一下就掉下去了。大家惊呼，赶快跑过去。只见严习荣吊在半空，随安全带上下弹动。我就把他往上拉，一个人拉不动，大家七手八脚把他拉了上来。严习荣当时脸色煞白，躺在桥面上，一句话没说，过了一会儿，哇地大哭起来，又过了一会儿，他又继续去紧螺栓。

吊装工冯永祥回忆：随着钢梁的架设，铁路不断前移，铺设轨道，两米五长的道木，用油浸泡过的，每一根有近三百斤重，力气大的肩一搭、脚一挑，一个人就能竖起扛上车皮，力气小的只能两个人抬，我们每个人的肩膀几乎都磨出血来，皮破了流脓，每天早上重物一上肩就钻心地痛，扛多了久了也就适应了。铆工、吊装工、混凝土工、木工等，都是大桥工地最辛苦的工种。

铆工吴守智回忆：我是1964年12月“入伍”的。南京长江大桥的桥梁是由一个个“米”字钢梁拼起来的，一个米字高16米，铆工每天举着19.8公斤重的铆枪在距离江面70多米高的地方，沿着16米高的米字架爬上爬下。铆工是5个人一组，有的负责接，有的托着铆钉，最后一个举着铆枪钉烧钉，烧钉的温度在1200—1300℃，当时只有帆布手套，烧钉的被火烤着，几乎每一个烧钉的手上都有泡。负责接钉的拿着一个铁斗在空中去接住烧红的铆钉，稍一疏忽，烧红铆钉就有可能砸在头上和脸上，后果不堪设想。

铆工魏则玉回忆：1965年下半年，大桥的基础工作即桥墩已经建成，要开始架梁了。南京长江大桥的钢梁是铆合结构，钢板量多，而且比较厚，要靠铆钉一层一层地铆到一起，这就需要大量的铆工。曾修建武汉大桥的铆工来到了南京，并且从全国抽调了一批铆工奔赴南京，即便如此，铆工依然稀缺。二桥处决定针对性地培养一支适用于建设南京大桥的铆工队伍，于是从全处铆工（还有部分装吊工）里抽调一部分身体较好的，专门组成铆合训练班，我有幸被选中参加培训。铆合训练是5人一组，由枪手，副枪手，烧钉手，顶钉手和喂钉手组成，就像一个战斗小组。枪手一般是由班长或者老师傅担任，专门负责铆钉；副枪手是协助枪手的，烧钉手负责把铆钉烧软，但不能烧化，不然在钉孔中填不实，会出质量事故；喂钉手要争分夺秒，迅速将烧得通红的铆钉外面的氧化皮刷掉，并把钉子喂进钉孔；顶钉手要在杆件

吊装钢梁

内用力顶，顶住钉子尾部，由枪手在杆件外部把钉头铆实，这几个步骤环环相扣，要求5个人一定要配合默契。我在小组中担任喂钉手，这个工序要求反应快，接得准，虽然技术含量不是很高，但干起来也很不容易。烧钉手烧好钉子后，我要迅速夹住钉子，用钢丝刷刷掉钉子外面的氧化皮，然后喂进钉孔，速度慢了，铆钉变硬就铆不动了。而且，如果铆合点和烧钉炉离得近，还比较容易接住并操作，如果铆合点和烧钉炉不在一个平面，或者一高一低，就需要通过抛接和利用漏斗滑送，这就对时间和精度的要求更高了。为了达到要求，我在铆工训练班里就开始苦练，一遍一遍地反复练习，手都磨出了血泡也不休息，要练到钉子被抛在半空中就把它接住最好。做这个工作还不能怕烫，经常是几个钉子刷下来，钢丝刷就被磨平了，这个时候你就不能怕，要想办法把铆钉处理好。当时负责铆合训练的技术工程师是万方，他还表扬过我，说我动作快，反应快。

1965年11月，我结束了两个多月的培训，被分到二桥处第一工程队，这是专门负责钢梁架设的前沿队伍，即将开始正桥钢梁的架设和铆合。战前，二桥处召开了隆重的动员大会，讲清意义，鼓足干劲，具有一种极其浓烈的临战气氛。在这样的氛围下，我当时的心情很激动，那是一种急迫的期待，终于要上战场了！我劲头满满，恨不得马上投入战斗。当时，工地上除了生产外，最重要的就是做思想教育工作，每周一三五晚上是政治学习，二四六晚上是业务学习，开大会都是晚上，很少停产开大会。我有一个深刻的感受，就是爱国主义思想教育始终贯穿大桥建设全过程，工地就像是一个

吊装杆件

巨大的思想熔炉，尤其是每逢重大节点工序时，更是如此，桥上要开动员大会，大家都是劲头十足，心里激动得不得了，大家的心愿就是一定要把大桥建好。在当时各方面条件都无法与现在相比的环境下，能够修建这样一座大桥，没有万众一心、所向披靡的精神，是很难做到的。

说起大家工作劲头足，真的一点也不夸张。铆钉枪一响起，真是震耳欲聋，那时候有句俗语形容铆工，叫“十个铆工九个聋”，工地上也有保护措施，发放耳塞，但枪响起来耳塞根本没用，当时真考虑不到这些东西，戴着还嫌碍事，我全神贯注地工作着，认真做好每一个动作，完全忘了时间，感觉一天一会儿就过去了。我记得在工地上，领导不停地教育要注意安全，注意安全，但大家那种热情劲上来，就会忽视这些，每个人都不知疲倦拼命地工作。那时候一天要打上千个铆钉，工作量相当大，铆枪振得全身都疼，烧钉手的脸上经常被烫得起泡。我是做喂钉手嘛，有时候热钉子甩过来，一不小心把手背烫破，很常见。钉子上的氧化皮会掉到脸上，甚至衣服里面，每个人身上都有多处烫伤，但没一个人喊苦。大家还都争着抢着干最苦最累的活，不是最苦的，还不高兴，觉得是对自己的不信任。当时每个班组还自发地开展劳动竞赛，你铆 800，我铆 1000，你铆 1000，我铆 1200，到点也不下班，领导多次催促，就是不走，非要领导下死命令，才离开工地。

钢梁架设即将合龙

钢梁合龙

1967 年 8 月 22 日大桥钢梁胜利合龙。记得有一次我上夜班，夏天，凌晨五六点钟，我当时很疲惫，脸上全是油灰，我坐在桥面上，看到合龙后的钢梁像巨龙横卧江面，宏伟壮观，天边一轮红日喷薄而出，我内心真是无比激动，充满了喜悦和自豪。我很想把这个心情表达出来，一直到晚上，心里就像有个事似的，翻来覆去一直在想，然后趴在床上，写下了一首诗:

一轮旭日照长江，宝书四卷放光芒，
脚踩波浪建大桥，锦绣河山添新装。
建大桥，志气高，走的自力更生路一条，
争得扬子江上飞桥架，哪怕汗水把船飘。
铆枪响处山河动，大江南北飞长桥，
桥工昂首迈大步，笑指天堑变通途。

这首诗我写得很快，就好像是心中一直积蓄着的真情实感，一下子顺着笔尖就流淌出来，稍微调整一下，就成稿了，我给它取名为《桥工之歌》。当时工地上有宣传栏，鼓励工人写稿子，我就投给宣传栏了，然后负责宣传栏的人就用粉笔把诗抄在黑板上了。一次，新华社江苏分社的记者到大桥工地来采风，看到了这首诗，他们就摘抄下来，登在了《人民日报》和《新华日报》上。

当年工人们创作了不少“榔头诗”“铁锤诗”，诸如署名乔工写的《夜焊》：“在沸腾的南京大桥工地上，响彻着劳动的声浪；在那巍峨耸立的桥墩上，电焊工在夜空中燃烧火光。啊，那蓝色的火焰，是电焊工们忠心的体现；那飞溅的焊花，是焊工们智慧的闪光……”工人刘龙庆写的《红心铆在钢梁中》：“铆钉枪紧握手中，‘得得得’山摇地动，一股劲铆它十个、百个、千个……钟山连声喝彩称颂。老桥工抬头甩把汗，心潮更比江涛汹涌，‘毛主席啊毛主席！咱们桥工的红心，颗颗铆在钢梁中’。”

1967 年 8 月 22 日，钢梁在 4 号桥墩合龙，宣布钢梁全部架设完毕，历时 21 个月。正桥钢梁总长 1576 米，高 16 米，总重量约 3.1 万多吨，9 万根杆件准确无误地连接在一起。大桥钢梁拼架实现了精确无误，达到了当时世界先进水平。

钢梁合龙时，大桥四处和二处的广大工人和技术人员，相向奔跑，热烈相拥，双手相握，欢声如雷，震溅江水。

大桥引桥建设。1959 年 6 月 28 日，大桥南北的引桥工程就开始打桩，后因“三年经济困难”一度停工，二桥处和四桥处全力以赴修建

引桥建设

正桥桥墩。大桥工程全面复建后，1965 年 10 月，铁路南引桥架设完成。1966 年 12 月，铁路北引桥架设完成。铁路引桥北岸 104 孔，南岸 48 孔。桥梁结构：正桥浦口第一孔跨度 128 米，为简支钢桥梁，其余 9 孔为三联 3 孔等跨 160 米的连续钢桁梁。钢梁总重 31580 吨。铁路引桥甚长，因地基土壤松软，故采用跨度 31.7 米预应力钢筋混凝土梁、直径 55 厘米钢筋混凝土管柱基础方案设计。

公路引桥全长 3012 米，宽 19.5 米。引桥采用富有中国特色的双孔双曲拱桥形式，平面曲线部分采用“曲桥正做”做法，即采用直梁按曲线拼装，而不是直接使用曲线梁。在 1968 年经江苏省革命委员会批准，将公路引桥延长，北岸延长 4 孔，南岸延长 18 孔，并以双曲拱桥代替原设计的高填土，另外从南岸公路 45 号墩出岔，向桥头方向落地，

大桥公路桥建设

增建分岔落地桥，亦用双曲拱桥式，其中 5 孔为 32.7 米，6 孔为 22 米。

当年建设南京大桥有一条铁规矩：不行就推倒重来。在建设两岸引桥基础工程刚开始，就出现严重质量问题。北岸引桥打桩时，由于一度只求进度，忽视了质量，因而打下去的桩承载力达不到要求。有几个桥墩在浇灌混凝土时出现“蜂窝狗洞”和渗水现象，原因是施工过程中没有严格坚持质量标准，在操作规程上，砂、石、水泥的配料比例掌握不好，也没有充分进行搅拌。针对这些问题，大桥局领导将南岸引桥问题比较严重的 12 号、13 号墩座干脆炸掉、重修，将北岸引桥 7 号墩墩座及部分墩身，采取灌注环氧树脂等措施加以补救，将承载力不达标的桥桩用静载压到设计要求，使引桥的桥墩不再下沉。这几件事在大桥职工中引起很大震动，此后，再没有出现过类似问题。

时任大桥局二桥处工程师常荣五回忆：在抢通公路桥的施工中，南京市很多单位都来支援大桥建设。南岸公路引桥有一部分采用双曲拱桥。由南京市市政公司施工。其中的预制拱肋，分包给了南京下关一个建筑单位。是个大集体单位。他们的预制厂就在水管桥附近。有一天，我和李玉书工程师吃了晚饭，出去散步，不经意走到了水管桥附近，看到他们正在预制拱肋，我们感到有点不对头，钢筋放的特别少。回来后。我们赶快查图纸。结果发现，他们竟胆大包天地在每根拱肋里少放了 3 根钢筋。我们立即向上反映。很快有了结果，这个建筑单位的负责人被立即逮捕法办。

公路桥面铺设中

铆工魏则玉回忆：我们有两句口号：“苦不苦，想想红军两万五，累不累，想想革命老前辈”“一不怕苦，二不怕死”。那时候的思想教育，就是用这样很直接的语言，对工人的教育作用也特别大。大家共同的心愿，就是本着“精心设计、精心施工、百年大计、质量第一”的态度，把南京长江大桥建设成为为毛主席争光的“争气桥”，让子孙后代放心的“放心桥”。事实证明，我们做到了，这更是源于一种高度负责的主人翁精神，当时我们铆合的合格率要达到95% 以上，发现不合格马上处理，不留后患，每个岗位和每个环节都是如此。大桥建成后几十年的风吹雨打和数十次船舶碰撞险情，证明了大桥的质量经得住考验。

两岸引桥上部结构采用的是 32 米预应力梁。在此之前，国内只能生产 16 米 T 型梁。而大桥局仅有苏联的 32 米预应力梁分段灌注机械。试制以后，工程师周履提出进展太慢，可以试验整体制造。在整体试制过程中，几乎每道工序都经过反复试验和改进，大小试验不下千次，终于获得成功。

时任四桥处工程师沈留福回忆：我们引桥上部钢筋混凝土预应力梁构造，比苏联的定型设计图要合理得多，主要是混凝土的密实捣固。每片预应力梁体内布满密集的钢筋，还穿插了 40 根小手臂粗的胶管。梁体是用 500 级高强度混凝土制成，要保护钢丝索就不允许有气泡和裂纹出现。因此，施工机械不是普通滚筒式拌和机，而是平面强迫式混凝土搅拌机。混凝土是干硬式混凝土，水分极少，用手捏不成团，却要让它振出水来塑成形状，这就需要解决制梁混凝土的振捣模式，经过多次试验，摸索出了梁体的制造办法：在底模板上装附着式振捣器，侧模板上分层次也装上附着式振捣器，在梁顶上再用平板振捣器捣固密实。1963 年，副总工程师王团宇叫我设计预应力梁模板，我对这种强振法捣固从未接触过，只得小心翼翼地计算和周密布置，最后完成了设计任务。王团宇看了我的设计图纸后问：“为什么在每个木结构的结点上安排两支螺栓联结？”我说：“是通过计算得出来的。”他说：“改成一支螺栓联结试试看，出了事，我负责。”几天后，传来消息，模板的支撑都给振垮了。王团宇当着我的面对别人说：“这不关他的事，我说过由我负责！”经过商议，我把模板改成了全部钢撑架加木模板的构造形式，内壁铺上薄铁皮，试验获得成功，制成的预应力梁既密实又光滑。

大桥引桥工程和附近几条道路建设的主力军是南京市市政公司，当时公司职工已分成势不两立的两大派组织。市城建局和市政公司领导奔走呼号，分头去做工作，说服他们响应毛主席关于“抓革命，促生产”的号召，分别到工地上去施工，城里一派的职工在中央门铁路跨线桥施工，市城建局的姚禹谟工程师和南京航空学院一些老师在中央门工地一边劳动，一边对施工进行督促检查，保证了铁路跨线桥的工程质量，按时完成了施工任务。下关一派的部分职工到北岸进行引桥的施工，另一部分人则集中在南岸引桥工地打桩建桥墩。1968 年初，两派组织联合后集中力量建设引桥工程。

公路引桥施工

1968年夏，市城建局副局长王鑫找到省革委会副主任彭冲，反映大桥施工急需技术人员的情况，彭冲决定让市勘测设计院的全体同志到大桥工地参加施工劳动，这些技术干部边参加劳动，边想方设法解决施工中的技术难题，他们对保证双曲拱桥的施工质量作出了贡献。

修建双曲拱桥仅用了69天，这种速度在当时技术条件下几乎让人无法想象。

工人和群众在工地上劳动时纷纷说，大桥正桥有个桥头堡，而上公路引桥好像缺少一个标志性建筑。市勘测设计院的领导对此颇为重视，要求技术人员根据实际提出方案，后经市领导审查，从20个设计方案中批准了黄壬年设计的工字堡方案。

时任南京城市设计院工程师黄壬年回忆：我1961年毕业于南京建筑工程学校工业与民用建筑专业，这个学校后来改为南京建筑工程学院、南京工业大学。我毕业后分配到南京城市设计院工作，因我爱好美术，也对建筑设计感兴趣，领导就安排我搞建筑设计工作。记得当时南京市城市设计院分建筑设计室和市政设计室。市政设计室接到大桥引桥设计的任务，设计建成的双曲拱形桥当时是先进合理的。我在建筑设计室参加了引桥桥头堡设计方案竞赛，我设计的“工”字堡有幸被选中。在这之前我先后参加了鼓楼广场检阅台、新街口广场纪念碑，以及为迎接西哈努克亲王在玄武湖边上建造的休息亭等方案设计，均被选中建造。另外，我还为南京长江大桥通车庆典大会设计了主席台。为此，我受到当时的省领导彭冲接见。

“工”字堡的设计理念和当时的政治氛围比较吻合，长江大桥是工人阶级建造的，所以突出了“工”字，堡头上的“工”字从四个方向看，都是“工”字，在转角处安装四个方向的灯，到晚上可以看到堡顶上的四面灯光像宝塔照亮着前进的方向。桥头堡两侧可以突出政治内容的标语，“工”字堡还和值班亭、花台巧妙的结合成一体。

桥头堡建设全景

为了争取在 1969 年元旦通车，城建系统全体职工动员起来，参加大桥和几条新路的建设，市勘测设计院打桩队承担大桥北岸的部分打桩任务，市建一、三公司负责大桥南北桥头堡的施工，市建一、二公司和房产公司预制厂承担引桥 6000 余米混凝土桥栏杆的预制任务，市建四公司负责新建大桥管理处办公用房；市花木公司和各区绿化队承担了南北桥头堡和 5 条新建道路的绿化任务，时任公司经理周学敬现场办公，抓规划设计，选调各种树木花卉，在很短的时间里指挥工人完成了绿化任务；市供电局为大桥和 5 条新路制造了灯具、灯座和电线杆等；市路灯管理所承担了大桥正桥、南北堡及新建道路的照明系统施工任务；市政养护处和各区市政公司参加了新建道路的施工。市政公司的沥青拌和厂职工日夜加班，每天拌和沥青混凝土 300 ~ 400 立方米，保证了 18 万平方米路面铺设的需要。没有接到任务的单位，主动到工地来找任务。如在开辟南堡公园时，市安装公司汽车队主动开来七八辆汽车，帮助搬迁和清运现场材料。在大干 100 天的紧张施工中，全市各区动员机关干部和大专院校学生参加义务劳动，各大医院还派出医疗队送医送药到工地。从中央门至和燕路段的道路新建工程中，新铁路以北有一座山岗，需要挖宽 40 米、深 3 ~ 4 米的路基，因时间很紧，市城建局请来了南京工程兵某团，经过昼夜奋战，终于顺利完成了任务。

1968 年底，为加强对大桥的管理，南京军区派了军代表，并调南京铁路分局和市城建局人员组成大桥管理处。大桥全线通车后，又从

公路桥面铺设

南京长江大桥

市政公司调张道宽担任队长并带领一个工程队，归大桥管理处领导，负责大桥的路面保养维修。

回龙桥建设。长江大桥全面建成通车后，南京市政公司利用原有施工现场、设备、脚手架和剩余材料进行回龙桥工程的施工，半年即建成，为国家节约近十万元，大大方便了下关宝塔桥地区的交通。

大桥南路高架桥建设。20 世纪 90 年代初，为了缓解大桥上的车流对市区四平路广场交通形成的严重压力，当时大桥平均日流量最高达到 4 万辆次，高峰每小时机动车通行量为 1800 辆，超过原设计能力的 50%。1992 年，南京市政府作出决定：修建大桥南路高架桥。高架桥主桥北接大桥公路引桥南端“工”字堡，南到双门楼宾馆落地，凌空跨越四平路广场、盐仓桥广场。高架桥北端东西两侧同时向南展建匝道桥各一座，到大桥南路新民门路口落地。大桥上、下的车流可形成三股，分别从地面、匝道桥、主桥通过四平路广场，从而大大减轻了四平路广场交通的瓶颈压力。

七、解放军来啦

“龙门架”高 50 米，重达千吨，由几万只螺丝拧成。如此庞然大物搬动一次，照老办法需要 34 个人，45 天才能拆装好，“临汾旅”官兵和建桥工人并肩战斗，打破常规，仅用 23 人，半个月时间就将“龙门架”跨立在公路引桥上。

1967 年 3 月 19 日，中央军委根据毛泽东的指示作出了“关于集中力量执行支左、支农、支工、军管、军训任务的决定”（这一文件首次将“三支两军”作为一个整体性任务向全国全军提出）。

据原南京军区军史资料记载：1967 年夏，正在修建的南京长江大桥工程已经进入合龙阶段。这是一步关键性工程，最怕遭受强台风袭击。从长江两岸伸向江中心合龙处的任何一边工程被台风吹歪一点，将无法合龙，后果严重。军区根据江苏省军管会的要求，建议军委对大桥工地实施军管，并派部队支援大桥建设，保证大桥顺利合龙和后续工程进度。江苏军管会也多方设法说服两派头头不要在大桥建设区闹事，不准破坏大桥建设。

7 月 19 日，国务院、中央军委批准了军区的建议。军区抽调干部和部队组成南京长江大桥军管会，到大桥工地执行军管任务，领导广大干部职工排除外部干扰，抓紧大桥建设。

12 月，原南京军区第 60 军步兵第 179 师奉中央军委及南京军区命令，179 师兼南京警备区并组建南京市军管会，师长武占魁任军管会副主任兼警备区司令员，政委彭勃任军管会副主任兼警备区政委，部队先后进驻南京航务局、南京铁路分局、金陵造船厂、南京长江大桥、南京大学、南京工学院、华东水利学院、714 厂、734 厂、长江机械制造厂、南京汽车制造厂、晨光机械厂、铁道医学院、邮电学院、栖霞区、煤矿指挥部、化纤厂、电瓷厂等单位，与上述单位共同负责革委会的组织工作。

1968 年 3 月 21 日，军区抽调第 60 军 179 师（“临汾旅”）536 团 2 营开赴大桥工地。官兵一到工地就和工人们一起投入紧张的建设中。连续奋战 180 余天。

时任大桥局施工调度龙其普回忆：南京军区司令员许世友对大桥建设一直都很重视。有一次在施工的关键节点上，我们召开动员大会，当时主席台上只有许世友一个人，他说：“大桥能不能提前通车？”当时台下人山人海，有我们大桥的职工、家属，有支援大桥建设的部队，还有南京市机关人员、大学生，他们都在桥头堡的广场上。听了许世友的讲话，大家都非常激动，纷纷高呼：“我们要把大桥早日建成！”那时候人们根本不谈什么加班费，也没有加班费，就是加油干、努力干。部队官兵、机关干部、在校大学生，一来就是上百号人，这也是我们调度经常要安排的事情，让他们干一些体力活。建南京大桥，地方和部队用实际行动给了我们极大的帮助。

大桥局二桥处工程师常荣五回忆：1968 年 5 月的一天，工宣队常队长和王政委把我叫到他们办公室，说大桥铁路桥 10 月 1 日通车。公路桥 1969 年元旦通车。这是一项重大的政治任务。明天，军管会将在桥头广场召开全体参战人员的誓师大会。南京军区司令员许世友同志将来工地发表重要讲话。接下来，他们问我有什么困难？我回答，铁路桥 10 月 1 日通车有可能。但两岸的桥头堡不可能完成。铁路通车后，为了确保安全，桥头堡不可能再进行大规模施工。我告诉他们，公路桥面改成 15 米宽后，原桥头堡的设计全部报废，要重新进行设计，目前的设计还正在进行中。桥头堡的设计由南京工学院建筑系负责。我们双方必须密切配合才行。即使我们尽快设计好，那 4 个高度超过 70 米的大堡，也不可能在这么短短的一个月内建成！

原南京军区司令员许世友到工地上看望建桥职工

国务院要求大桥于1968年9月底通车，向国庆19周年献礼。而当时工程的状况是：大桥公路桥桥面构筑基本没有展开施工，南北桥头堡和南京新客站及一些附属工程还躺在图纸上。这在当时来看几乎是不可能完成的任务。

1968年6月1日，长江南岸大桥下游的江边广场上，汇集近万人，红旗招展，锣鼓喧天。上午10点，一辆吉普车疾驶而来，时任南京军区司令员许世友从车上走下来，身穿普通军装，脚上穿一双和普通战士一样的解放鞋，只见他健步走上主席台，讲话铿锵有力，令人振奋。他在会上大声宣布，为了保证大桥在预定时间顺利通车，他决定：将南京军区“临汾旅”调来支援大桥建设，并让中国人民解放军护桥部队立即进驻大桥工地。

其实，“临汾旅”536团2营等部队已于3个月前就进驻工地了，紧接着又加强其他一些营连。9月9日，军区又抽调工兵第2团参加大桥和火车站工程建设。该团官兵在时间紧、任务重、要求高的情况下，在大桥2处、4处、省建1公司、南京市城建局等单位的大力支持下，发扬我军紧张快干、连续作战的作风，共出动1.22万个人工，机械作业945小时，运输安装木模1.66万平方米，刮、运、挖土1.11万立方米，平压场地12.48万平方米，打筑砼3755立方米，完成了大桥北岸上下的两个桥头堡的构筑，大桥公路桥两端桥面预制板的砼构建，和平门车站大桥砼梁及车站广场砼地坪的打筑，跨线桥处公路的构筑等任务，只用了18天时间就完成了原计划两个月的施工任务。

为了协调指挥建桥部队，许世友还把他的“洋拐杖”，时任上海警备区副司令员、上海铁路局军管会主任柴书林调来大桥工程指挥部。柴书林是北平(京)大学的高才生,“三八式”(指1938年入伍)干部,酷爱学习,精通英文、俄语,责任心、工作能力强,政策水平高,经常被许世友当作“救火队员”,哪儿的任务

军民在建桥工地上集会

艰巨棘手就往哪儿放。柴书林临危不乱,一上任就大刀阔斧而又认真细致地协调铁路桥与公路桥的施工,对参建部队做了周密部署,并限定工期,如命令工程兵2团1营负责南京车站和广场的工程;2营负责公路桥桥面的施工;3营负责北桥头堡施工,各营均有指定的建桥干部、工程技术人员和工人进行配合。在研究南京车站广场建设方案时,有人提出在广场中央建毛主席塑像,这在当时的形势下,是很难否定的。柴书林听了,始终不置可否。许世友听说后,找到柴书林问,建与不建,为什么?柴书林风趣地说:“这么大的广场,让伟大领袖的形象日晒雨淋,站岗放哨,怎么忍心啊。”如今,步出南京车站,迎面就是风景如画的玄武湖,碧波荡漾,垂柳依依,令人心旷神怡,被誉为“中国最美火车站”。

当年参加大桥建设的指战员,每个人都感到无上光荣,豪情万丈,信心百倍,干劲十足,纷纷写决心书,表示坚决服从上级命令,坚决按时完成上级交给的各项任务。

南京部队工程兵某部1连,是1930年毛主席率领工农红军去安源时,以安源矿工为基础组建的我军第一个工兵连,被誉为“红一连”。他们和炮兵某部受领建设桥头堡的任务。有一天,江面刮起8级大风,

吊机失去作用，战士们就搭起人梯，风大站不住脚，他们就用绳子把自己捆在钢架上，和建桥工人一起坚持施工，赢得了宝贵时间。

时任工兵2团2营教导员王格善回忆：我们团是9月9日受领支援大桥建设任务的，柴书林同志迅即召集我们2团3个营的主官开会，下达命令：1营负责修建火车站，2营负责铺筑公路桥桥面，3营修建北桥头堡。分工完毕后，三个营迅速行动，奔赴各自的岗位。我当时是2营的教导员，带领战士们火速赶到长江大桥上。只见偌大的工地绵延铺展，从江边一直延伸到幕府山，场面十分壮观、恢宏。临江而起的桥面上，载重车的喇叭声，起重机起吊的哨子声，工人们抬卸钢材的加油声，汇成了一部气势磅礴的交响乐章。夜晚，探照灯一盏挨着一盏，亮如白昼的工地上车来人往，热火朝天。从远处看，宛若一条金鳞闪闪的火龙凌空欲飞。这在20世纪60年代末乱云翻涌的中国大地上，真是一道振奋人心的景观。看着眼前的景象，我顿感肩上似有千斤的担子，如此浩大的工程量，要在短短的20天内完成，任务确实艰巨。我当时唯一的念头就是：拿下它！一定要拿下它！

当年，我们的营地就驻扎在大桥下面，睡的是旧工棚，吃的是工地上烧的大锅饭，在极其简陋艰苦的环境下，全体指战员发扬紧张快干、连续作战的作风，每天三班倒，不分昼夜往前抢，终于在1968年国庆节前完成预定任务。收工验收时还出过一个小插曲：为保证铁路桥通车典礼安全，我们特地从工程兵学院请来两名工程技术教员，严把质量关，每一个桥墩都认真细致地检查，不放过任何不合标准的蛛丝马迹。在第二个桥墩上，发现了一个圆柱形的铁块，约20厘米高，10厘米粗，周身呈铜色。当时大家的心提到了嗓子眼，唯恐是敌特分子搞破坏的东西。我们小心翼翼将铁块取出，仔细查验，最后证实是施工时落在桥墩上的锤球，一场虚惊。当时我们用探雷器材将大桥广场里里外外探了3遍，把所有的铁片、铁块全部清理了出来，旁边围观的工人啧啧称叹。

大桥建设是当时的全国重点工程，由于毛泽东和党中央的措施果断坚决，总的来说这场风雨突来的“文化大革命”运动，由于对大桥局部分领导、知识分子、工程设计者有所冲击，对大桥建设进程造成一定影响，正是因为人民解放军的加入，使建设的突击力战斗力陡然增强，让大桥建设得以如期完成。

建桥职工参加“抓革命促生产”大会

解放军指战员如火如荼地战斗在建桥工地的故事很多，如 1968 年 8 月底，急需把“龙门架”从铁路引桥搬到公路引桥上，“龙门架”高 50 米，重达千吨，由几万只螺丝拧成。如此庞然大物搬动一次，照老办法需要 34 个人，45 天才能拆装好，“临汾旅”官兵和建桥工人并肩战斗，打破常规，仅用 23 人，半个月时间就将“龙门架”跨立在公路引桥上。1968 年 10 月 9 日的《新华日报》以题为《英雄部队“临汾旅”指战员在南京长江大桥工地上》做了报道。

当年护桥部队也日夜守护、巡逻在工地上，确保大桥建设的安全。盛夏，钢梁上温度超过 40℃，战士们头顶烈日，坚守岗位；数九隆冬，寒风呼啸，战士们顶风冒雪，巍然屹立。有一次，大桥工地 22 号渡轮满载上班工人，由南岸朝北行驶，渡轮离岸不久，机器突然发生故障，船搁浅了。这一情况被北岸巡逻快艇上的指战员发现了，他们立即起锚出航，迎着风浪向渡轮靠拢，不到半小时，渡轮就被战士们拉出浅滩。

时任大桥局二桥处工程师常荣五回忆：1965 年，我大学毕业后，在枝城长江大桥的设计处工作一年后，1966 年被分配来到南京长江大桥指挥部设计组，开始我跟着方秦汉工程师搞钢梁安装设计。在我们最困难、工程几乎进展不下去的关键时刻，解放军对大桥实行了军管。大桥军管会也向我们设计组派来了工宣队，由大桥二处 26 名工人和 2 名解放军组成的工宣队开进只有 40 几个人的大桥指挥部设计组。工宣队队长是装吊工出身的常（承义）师傅，解放军某团政委老王是工宣队的书记。今天回想起来，我们是那么幸运，碰到那么一位好政委，他对人态度和蔼，平易近人，政策水平高，否则我们这一帮“臭老九”不知要吃多少苦头。工宣队进驻不久，有一天，王政委找我谈话，他问我：“小常，你家庭出身是贫农，你的父亲抗日战争时期就参加革命，怎么会划为‘右派’呢？”接下来，他说工宣队决定让我做设计组的负责人。我说干不了，资历浅，对情况不了解。我同时向他推荐了几个人。他摇头说：“你不了解你们这里的复杂情况。所谓的负责人就是负责上传下达，做好设计的组织管理。你来得晚，哪一派也没参加。你们小小的一个大桥指挥部，人不多，也分成两派。叫哪一派的人出来负责都不好办。我们已经和两派的人沟通过了，你是双方唯一都接受的人选。你们这里的方秦汉工程师，历史清白，作风正派，在业务上，你多依靠他，我们会支持你的工作的。”就这样，我就成了设计组的“负责人”。

大桥浮雕。大桥上层公路桥全长 4589 米，宽 19.5 米；公路正桥两边的栏杆上镶嵌着 202 块铸铁浮雕，其中有 100 块向日葵镂空浮雕、96 块风景浮雕、6 块国徽浮雕。风景浮雕大多描绘祖国的壮丽山河或歌颂新中国取得的巨大成就。

雕塑以表现形式划分为圆雕和浮雕。浮雕是一种介于圆雕和绘画间的艺术，它以雕刻凹凸起伏形象为手段，讲究光与形体、线与结构及结构与形体之间的关系，塑造事物的立体感和主体感。浮雕艺术的创作与构图需要融入许多理性思维，是时代、环境、地域以及民族审美观念、社会需求加上艺术家创造力等综合兼顾的产物。在设计大桥公路栏杆浮雕图案时，大桥建设委员会专门成立了美术设计组，提出了两套方案：一套方案是反映我国革命圣地的图案，如井冈山、遵义、延安、北京等；另一套是反映祖国的建设成就，分别从华北、东北、西北、华东、华南、西南等地区选择最有代表性的建筑物或产业，其中有北京火车站、大寨大队、鞍山钢铁公司、大庆油田、抚顺煤矿、内蒙古大草原、沙漠驼铃、上海万吨级轮船、新安江水电站、海岛女民兵、海南岛椰林风光、青藏铁路、成昆铁路等。第二套方案各有寓意，如“工业学大庆”和“农业学大寨”浮雕，1964 年 2 月 5 日，中共中央发出了“工业学大庆”和“农业学大寨”的号召，主要学习大庆工人增产节约、吃苦耐劳的精神，学习大寨农民“艰苦奋斗、自力更生”的精神；“北京火车站”浮雕，当年北京火车站的建设从开工到正式运营仅仅花了 7 个多月时间，其建设速度之快、规模之大、科技含量之高，堪称中国

公路桥面浮雕

铁路建设史上的一个奇迹，是建国十周年首都著名十大建筑之一；“万里长城”浮雕，长城蜿蜒起伏于崇山峻岭之间，气势恢宏，其以“上下两千年，纵横十万里”的时空跨度，被赞誉为人类历史上最为宏伟壮观的人工建筑奇迹……

时任美术设计组的副组长顾信回忆：当时领导要求我们 3 天拿出草图。为了尽快将图案绘制出来，美术组成员分工负责，用整张道林纸铺在地板上，连续奋战三天三夜，困了打个盹，醒来继续干，终于在 3 天内拿出了两套方案的草图。我们倾向于第二套方案。理由是栏杆高度只有 1.4 米，游客观赏的视线是从上往下看，且可以用手抚摸，如果选用革命圣地图案，似乎显得不够严肃、庄重。最后，我将两套方案送到大桥建设委员会副主任彭冲家里。彭冲看后，对第二套方案颇为满意，他说：“祖国建设成就这套方案不错。”方案确定后，美术组的 12 位同志集中吃住在下关老江口一处原为部队使用的房子里，从 1968 年 5 月工作到 8 月。当时的工作条件比较艰苦，夏天酷热难当，同志们都集中在屋内进行图案设计，电风扇也不能开。为了抓紧将草图放大绘制成正稿，美术设计组请南京工学院（现东南大学）土木工程系工业与民用建筑教研组组长刘忠德（后曾任国家文化部部长）带领七、八名师生前来支援。图案绘制完成后，美术组将图案分别送到工地、港口，多方征求意见，以便进一步修改和完善。有关方面又请来了上海木雕厂、苏州红木雕刻厂和南京工艺雕刻厂技术精湛的老师傅，用银杏木将图案雕刻成木模。苏州红木雕刻厂的老艺人赵子康，曾参加建造吴县东山雕花大楼，这次他带了两个徒弟来南京，连续奋战了两个多月，离宁前赵师傅提出的唯一要求，就是希望得到一枚南京长江大桥纪念章。木模雕刻好后，需要翻砂铸造。彭冲对我说：“‘文革’初期我在南京晨光机械厂被监督劳动过，我了解这个厂，他们的技术好。”按照彭冲的要求，由晨光机械厂承担了栏杆图案的铸造任务。有个情况需要说明，桥头堡四座雕塑中有一座“世界人民大团结万岁”，原设计稿上是让外国人每人手中拿一本《毛主席语录》。彭冲看后说：“《毛主席语录》还是让中国人自己拿好，不要强加于人。”当时，彭冲能作出这样的决定，很不容易。

时任南京下关区文化馆的美术创作员洪炜回忆：南京长江大桥正桥公路桥面两边栏杆上的椭圆形葵花图案，是大桥栏杆中使用最多的图案，一共有98个，非常引人注目。当年，我是南京市下关区文化馆的美术创作员，有幸参加了长江大桥美术设计组的工作。在大桥栏杆图案的设计过程中，开始有人主张设计成毛主席头像。彭冲同志得知后认为：大桥栏杆只有1.4米高，栏杆上若是有毛主席头像的图案，极不严肃。我提出以向日葵的形状为设计图案，这一设想得到了彭冲同志的赞许，并很快被美术设计组通过。金灿灿的葵花向阳而开，形态很美，寓意也很深。宋朝司马光在《客中初夏》的诗中写道：“四月清和雨乍晴，南山当户转分明；更无柳絮因风起，惟有葵花向日倾。”民歌中也有不少歌词，把太阳比作毛主席，把葵花比作人民群众。葵花图案的设计，经过了一番周密的考虑。大桥栏杆的所有装饰图案中唯独葵花是空雕，其余为浮雕，这就使栏杆图案有虚有实，十分对称。大桥横跨长江南北，而桥栏杆的图案则朝着东西方向，因此，只要是晴天，无论上午或下午，阳光下桥面总会有葵花的影像出现。葵花的图案设计，花瓣为31瓣，四周有4片叶子，寓示当时世界上有31亿人口，四面八方都向往红太阳。葵花图案之所以设计为椭圆形，是考虑到栏杆为长方形，葵花图案设计为椭圆形比较恰当。当时工作条件较差，制作椭圆形葵花，只能用万能角尺绘制。我在图案绘制的过程中，得到了南京艺术学院保彬老师的指导和帮助。

时任南京艺术学院教师、后曾任院长的保彬回忆：当年，33岁的他还是南艺的青年教师，被点名加入大桥美工组，参加桥头堡的美术设计工作。缘于1961年他画的一幅年画，曾贴遍城乡的大街小巷，印了一亿多份。

当年，他没有带被子，一个人住在江边的一个平房里，设计稿画了一稿又一稿，经常整夜不睡觉，没有夜宵，半夜肚子饿得咕咕叫，就啃冷馒头充饥。虽然又冷又饿，条件十分艰苦，没有一分钱报酬，每天吃饭还要自己解决，但他仍然觉得自己的付出非常值得，激情满怀，干劲十足。

保彬接受的任务是设计大桥浮雕图案。他去的时候，已经有十来个人在忙祖国风光的浮雕设计了。他首先设计的工农兵浮雕，中间五角星代表兵、旁边的齿轮代表工人、最旁边的麦穗代表农民。工农兵浮雕很快获得认可。大家熟悉的向日葵浮雕，是在引桥上。引桥的图案是镂空的，画什么呢？他想来想去，决定画向日葵，寓意全国人民团结一致，向着红太阳。画完后，他给军代表审查。军代表说看不懂，要求放大。放大，这项工作很不容易，麦穗一个个要画一样大小，向日葵的每个瓣都要一样大，时间紧、任务重，什么时候安装、什么时候浇筑，都是一环扣一环，于是他找了学生蒲炯、下关文化馆的美术创作员洪炜一起帮忙放大。放大之后，军代表仍然表示不行：没画葵花籽，怎么能叫向日葵！无奈之中，保彬找了彭冲。彭冲一看，说蛮好，一虚一实，工农兵是实的，向日葵虚一些好。但又有人质疑：叶子是方的，不行，哪有方叶子。彭冲于是让他改成圆的。他妥协了，把四角的叶子都改成了圆的。即使到了今天，他仍然遗憾：圆叶子看上去有点别扭，也使整个画面少了平衡感。

关于大桥栏杆向日葵图案的设计，洪炜和保彬两位老先生回忆不太一样。2018 年 11 月 28 日《扬子晚报》刊登出采访保彬的文章后，洪炜曾致电笔者，问怎么回事？ 1996 年东南大学出版社出版的《跨越天堑》上，洪炜撰文向日葵图案是他主导设计的，保彬只是参与指导。据保彬回忆，他才是图案的创作者，洪炜只是帮助工作。但在南京长江大桥主题艺术作品及史料巡展现场，在“大桥栏杆铸铁浮雕向日葵”，一块重达数百斤的铸铁旁，设计者一栏写着：保彬，由上海铁路局南京桥工段提供，时间是 1968 年。笔者相信两位先生都曾对大桥栏杆图案的设计贡献过自己的聪明才智，他们的无私奉献永远镶嵌在大桥上，滔滔不绝的江水永远铭记、见证。

桥头堡设计。桥头堡，顾名思义是控制要点的堡垒、据点。从现代建筑学来说，桥头堡的主要意义是突出大桥的雄伟，起装饰作用，关隘作用已退居其次。1958 年 10 月和 12 月，大桥局在武汉先后召开两次有关大桥的技术协作会议，其中一项内容就是讨论全国 17 个单位提供的 57 个桥头堡建筑设计方案，其中南京工学院建筑系师生就选送了 38 个方案。这些方案全部经过建筑大师杨廷宝审定。中央领导希望南京大桥的建筑造型与武汉长江大桥有所不同，要更具雄伟壮丽的气势。为了衬托大桥的雄姿并衔接引桥，专家们认为桥头建筑以复式桥台为宜。方案定下来不久，国家遭遇严重经济困难。1964 年，铁道部决定缩减大桥建设投资。在此情况下，技术人员反复研究，提出了将公路桥桥面由 18 米缩为 15 米，铁道暂铺单线，同时按照不失原定风格的原则对桥头建筑方案进行修改。明确建筑上由南京工学院负责，结构上由大桥工程指挥部设计组进行配合。经过数月奋战，完成了方案的修改任务，节约了大量投资，缩减了桥头建筑的平面面积，耸立在大堡上的“三面红旗”及红旗下的回廊平台，小堡的雕塑均予保留，对艺术造型更注意建筑尺度及比例，做到色调鲜艳明快，面材选用上注意耐久和美观，使桥头建筑方案更趋完善。

中国工程院院士、时任南京工学院助教钟训正回忆：我当年才三十出头，风华正茂，大桥桥头堡方案征集通知下来后，校领导组织动员建筑系所有师生共同设计。20 世纪五六十年代全国特大建设项目不多，遇到南京长江大桥这样的大项目，高校、设计院都摩拳擦掌、跃跃欲试，因此竞争激烈。那时候南京工业学院共设计了近 200 个方案，选出 38 个方案参加评选。我当时设计了红旗、凯旋门两个方案。我分析大桥要强调中国特色，凯旋门设计中突出了民族传统元素，但毕竟是洋货。还有凯旋门太大太重，可能会影响交通，因此没被采用。剩下的两个方案均采用红旗元素，其中一个红旗设计方案复杂，除了红旗还有好多工农兵雕塑，主题不是那么鲜明。将最初设计的“两面红旗”改成了“三面红旗”，代表“总路线”“大跃进”“人民公社”，这一方案是由周总理拍板确定的，总理指示：颜色必须保持鲜红，不能褪色。如果用一般的颜料，历经日晒、风吹、雨淋，颜色就会褪掉，变得难看，采用红色油漆，也解决不了褪色的问题，开始大家想得很简单，以为在瓷砖上涂上一层红颜色烧制，就会一劳永逸。当大桥局的同志去江西景德镇一了解，才知道自有瓷器以来就烧不出鲜红的釉彩。经过反复讨论最后确定烧制红色玻璃砖，试图确保红旗鲜红的颜色。

时任大桥桥头建筑设计组负责人周璞回忆：修改过的桥头建筑方案，必须尽快呈送国务院复审。我们设计组在南京连夜赶制了缩尺为 1∶200 的模型，经有关单位审查后，转呈国务院审定。大桥局派朱世源副局长和我，还有一名木工赴京汇报。1964 年 4 月初，我们携带模型到京后，由木工将模型安装在中南海丰泽园的颐年堂外廊，等候中央首长审定。4 月 11 日，我们接到通知，中央领导同志下午 6 时一同观看模型并审定方案。朱世源和我静候在外廊。6 时许，周恩来、李先念、陈云、李富春、薄一波等中央领导同志一起来了。周总理第一个走到模型前，询问了大桥建筑方案修改的主要内容。他看到我们用大字写成的说明书，就一字一句地读了起来，读完后请大家发表意见。李先念首先说：“从模型来看与武汉长江大桥有很大不同，有雄伟的感觉。听说前几天武汉长江大桥上有大雾，电车误上了人行道，碰断了栏杆，由于司机及时刹车才没有掉下江，电车有一半悬在栏杆外，真是大幸。”周总理说：“我已知道了。”又问：“南京桥上有没有防护的措施？”朱世源回答说：“对南京大桥公路桥面两侧的防护我们已有考虑，缘石在设计上已提高到 30 厘米。”周总理表示满意，在场的中央领导对修改方案表示赞同。周总理又问："主堡红旗下的平台有什么作用？"听完汇报，他说这是一个观看风景的好地方，可以很好地利用。审查即将结束时，周总理强调了三点：一、此方案省市有没有意见？二、铁道部有没有意见？三、18 米改为 15 米，是几车道？是否满足交通要求？我们一一做了回答，说明这个修改方案已经省市及铁道部同意。周总理说："同意你们的修改意见，我同意了，由我负责。建筑美化部分不可太节约，这是百年大计。栏杆要注意设计得牢固些。但是基础及结构质量要你们负责，桥头的四周要绿化好。"

时任大桥局二桥处工程师常荣五回忆：1968 年 8 月 29 日，我和方秦汉工程师接到工宣队的通知，晚上 8 点到下关铁路会堂军管会开紧急会，由南京军区的三号首长，我们都称他郭三号（笔者查阅了有关资料，应该是郭化若将军）主持会议。议题很简单，要求我们在 9 月 5 日前拿出桥头堡的全部图纸。会议焦点很快集中到我和方秦汉身上。我看看他，他看看我。我俩大气不敢出一口。我们工宣队的王政委点名让我表态。我知道，今天在那些身经百战的军人面前。我纵有天大的困难，也不能当狗熊。我学习解放军，站起来大声地讲，坚决完成任务！接下来，我想讲一下我们的困难和问题，但三号立即叫我坐下，他打断我的话说："你不用讲你们的困难，我非常清楚，这个要求，对你们是史无前例的，是极其困难的，你什么都不用讲，我只要你前面那一句话。这是我来大桥工地以来听到的最让我高兴的话。我们讲话是算数的，桥头堡必须在 10 月 1 日前建成。你们必须保证 9 月 5 日前把桥头堡的图纸拿出来。从铁路会堂回来，我们连夜召开动员大会，会议决定全体设计人员放弃休息，连续作战，大家吃住在设计组，确保完成任务。当时，我们设计组包括我在内的五六个设计人员，大部分住在南京的东妙峰庵 17 号，家里都有老人和孩子。为了按期拿出设计图纸，大家发扬连续作战作风，饿了就去食堂，困了就在绘图板上趴一会儿。就这样连续奋战到 9 月 5 日，终于将几千张图纸全部出齐。

八、速度与激情

平均每天有 3 万多人在工地上挥汗如雨，最多时达 5 万余人。有一天，已是深夜 11 点多钟，一些女中学生，自带干粮，从城内步行来到大桥工地，要求参加义务劳动。她们对工地负责人说："我们就要到内蒙古去插队落户了，请允许我们在出发前，为长江大桥贡献一点力量吧！"她们在工地上整整干了一个通宵。老桥工们回忆，在后来冲刺阶段，大桥的变化几乎一小时一个样。

为了确保能在1968年国庆节前铁路桥通车，大桥工人和支援建设的解放军战士日夜奋战，南京市民、大中专学生和企事业机关单位的职工蜂拥而至，大桥工地每天人山人海，人声鼎沸，红旗招展，广播喇叭声、机械轰鸣声、劳动号子声、欢歌笑语声响彻云霄。7、8月间，平均每天有3万多人在工地上挥汗如雨，最多时达5万余人。有一天，已是深夜11点多钟，一些女中学生，自带干粮，从城内步行来到大桥工地，要求参加义务劳动。她们对工地负责人说："我们就要到内蒙古去插队落户了，请允许我们在出发前，为长江大桥贡献一点力量吧！"她们在工地上整整干了一个通宵。老桥工们回忆，在后来冲刺阶段，大桥的变化几乎一小时一个样。

建设南京长江大桥不但是南京广大市民倾情倾力支援，而且是举全国之力：大桥的钢桁梁是山海关桥梁厂研制生产的优质低合金桥梁钢（16锰钢），正桥钢梁上"伟大领袖毛主席万岁！"几个红色大字，每个字重5吨（有8吨重一说），也是山海关桥梁厂加工制作的；南堡由江苏一建建设，北堡由著名的英雄部队"临汾旅"建设；小桥头堡上的雕塑由中央工艺美术学院的师生设计完成，他们在金陵船厂搭的棚子里日夜奋战，雕好了再上桥安装；桥上的栏杆由江苏无锡某厂加工生产；栏杆上的雕花板是由南京晨光厂制作的；桥上人行道铺设的地砖是鞍山的；桥上的兰花灯路灯是北京生产的，他们不仅制作好，还派人来工地指导安装；桥面上采用的优质高强螺栓是上海提供的；

大桥上采用的全部高强钢丝是天津生产的……

大桥局四桥处子弟杨建湘回忆：听父亲说，大桥建设者来自全国四面八方，一开始聚集了数千人，他们大都拖家带口，由于当时地方政府财政困难，一时无法顾及。于是，一所由大桥四处直接建立和管理的“大桥四处职工子弟小学”，便于1960年随着大桥的开工落成了。我就在这个学校完成六年小学和三年初中的学习。我们学校教学设施十分简陋，除了几间教室，没有正式的运动场所和运动器材。放学后，大桥建材工地便成了我们这些桥工子弟光顾玩耍的场所。男孩子们在施工用的砂堆上翻滚、跳跃，在堆放的钢梁之间攀登和躲藏。我们的家长来自大桥四处的各个部门，平时耳濡目染，建桥中的一些专业术语，如：“钢筋混凝土”“预应力梁”“管桩”“沉井”……尽管我们不甚了解其中的含义，但在我们这些小学生的言谈中，一个个像是建桥专家似的，常常会提及这些术语。我们目睹桥墩的耸立，大桥的建成。到了我们上中学的时候，我们的小学又升格成了中学。到建桥工地上去劳动，是我们中学的主要课程。这时大桥已初现雄姿，在做收尾工作。我们这些十来岁中学生的主要任务就是清理建桥工地，将各种散落的建桥材料收集归类，堆放在指定的地点。那绝对是力气活，无论是运送砂石、水泥，还是搬运钢材、木板，几趟干下来，无不大汗淋漓。在大桥公路桥通车前的几个星期，我们学校的中、小学生更是整天在公路桥面上清理建筑垃圾，擦洗桥面上的栏杆和浮雕，俨然成了建桥队伍的一支主力军。

时为南京气象学院（现南京信息工程大学）五年级学生姜正云回忆：大桥工程进入最后冲刺阶段，省里决定，调派南京各高校的大学生参加工程大会战，分南、北两地进驻大桥二、四处工地。我们全班同学，立即放下书本、走出课堂，在指定时间抵达指定工地，开始为期两个月的施工劳动。刚进工地，我们在带班师傅的指导下学习扎钢筋（做预制用的）。用当时国家质量最好的钢筋制成的梁体骨架，再用铁丝扎牢，然后才能浇灌混凝土。要求简单，就是一定要用双道铁丝把钢筋骨架的每个交叉处扎紧扎牢，不能松动。用的工具不是老虎钳，而是钢筋弯曲而成的钩子。刚开始用钩子感到很别扭，铁丝也不听使唤，不是从钩子上脱逃就是无法扎紧，稍加用力，两道铁丝也会拧断而不得不返工重来，后来越来越熟练，返工率越来越少，施工速度和质量大大提高。我们第二项任务就是整修铸件，铸件有大镂空葵花、小实心葵花和浮雕画板，小铸件葵花一个人可拿得动，另两样得两个棒小伙子才抬得动。带班工人师傅告诉我们，这些铸件从翻砂车间出来到我们手时，铸件上不可避免地会有大大小小的铁疙瘩，不仅不美观还会划破人们的手，必须将这些瑕疵除去，打磨光滑后喷漆才能装上桥面。要求我们一丝不苟地操作，不能损坏任何铸件，要作为一项政治任务来完成。发给我们的工具是钢凿、小锤和砂轮。简单的动作要求，干起来可不容易，要除去长在上面的铁疙瘩，用力轻了凿不下来，用力重了会伤及周围的图案，造成新的伤害甚至报废。我们慢慢摸索，有的同学凿破了手，有的手上锤出了血泡，但无人怕苦畏难，手破了包扎好继续干……到了1968年12月，我们班级又接到一项新任务，全部上桥面用砂布和水磨擦大桥正桥铁栏杆，要磨去所有不平之处，保证栏杆光滑无凹凸，抚摸起来润滑舒适。那一年冬天很冷，12月的桥面上无遮无挡，朔风呼啸，寒气入骨，用手拿看砂布蘸着冷水擦拭铁栏杆，其感觉可想而知，手掌很快便麻木没有知觉了，大家只有加倍用力擦拭，让手掌发热，或放嘴边呵气暖一下再干，我们的手指很快就裂开渗出了血。待任务完成时，每个人都笑自己练就了一双“铁砂掌”。

时任南京枢纽指挥部秘书刘福才回忆：1968年8、9月，我两次去苏州珠宝社制作了大桥铁路通车的毛主席纪念像章万枚。1969年10月至12月，我三次赴江西景德镇，联系制作生产大桥元旦通车纪念茶杯8000只。景德镇的陶瓷工业公司革委会生产组、瓷用化工厂和为民瓷厂十分重视，给予了大力支持。在时间紧、任务重、要求高的情况下，确保元旦通车前交付了这批纪念茶杯，意义十分重大。因为当时大桥还未建成，没有照片。我们就找了相关人员按设计稿画了大桥的图片。后来发现图片和实际比较，有 2、3 处缺陷，特别是西侧的南桥头堡没画全，蒸汽火车和轮船冒出的蒸汽风向不一致等。这些，如果不细心还真看不出来。

铁路桥施工

铁路桥通车前一个月，桥头堡建筑成了最难啃的一块硬骨头，堡体高十层，相当于民用建筑 24 层楼高；层次多，连夹层共计 16 层；结构复杂，混凝土框架结构，外部工程装饰采用汰石子；材料用量大，南北桥头堡共用木材 2400 立方米，钢筋 419 吨，混凝土 3020 立方米。按正常施工进度，最快也要九个半月。为了如期完成任务，大桥指挥部千方百计想尽了办法：常用水泥凝固时间长，改用高标号水泥；劳动力不足，机械设备缺乏，部队官兵和大中专院校学生一起上，并紧急调来省内外多家建筑公司，给桥头堡建设提供技术和设备支持。当时每天仅参加桥头堡建设的就有数千人，不分昼夜抢工期，终于在 9 月 27 日完成桥头堡主体工程，仅用了 28 天就完成按正常进度需要9个多月才能建成的工程，堪称大桥建设中的一个奇迹。

桥头堡上的“三面红旗”是大桥的一个标志，插红旗既是桥头堡建设的收官之战，也是铁路桥通车前最关键一仗。“三面红旗”由钢架结构组成，外侧焊接 8 厘米厚的钢板，8 米见方，外贴红色玻璃砖，重 10 吨。当时为了便于操作，“三面红旗”在机修厂分为纵向两个半

安装“三面红旗”

片制作，旗杆单独制作成一片；而“三面红旗”钢板内起稳固作用的钢骨架，则是现场先行安装固定在基座的预埋件上。“三面红旗”安装在大堡观景平台上的红旗基座上，旗尖距地面 70.4 米高，距公路桥面有 30 多米高。由于场地受限，吊装有一定难度。安装工人不仅要心理素质、身体素质好，而且技术水平要高，能吃苦耐劳。还得多部门多工种协调配合，才能顺利完成任务。

中国工程院院士、时任南京工学院助教钟训正回忆：在桥头堡的外面有一层洗石子，我们大的工程都敷上一层水泥、各种颜色的小石子、水沙石，用水一冲，刷子一刷，石子就露出来了。当时我们采取常规办法，颜色比较稳重，有很多深色石子也有很多浅色石子，呈比较稳重的颜色。结果军代表说不行，我们大桥粉刷不能有一点污点。他们把黑石子看成是污点。大桥局的工人可受罪了，只好另想办法，把很多鹅卵石打碎，放在搅拌机里搅，把棱角全部去掉，变成很小的小卵石，小卵石颜色比较淡，看上去还不错。后来一刷上去，大家一看，根本不行，原来是深深浅浅的各种颜色在里头，显得很稳重，现在看起来很惨淡，有病态的感觉。彭冲那个时候才落实政策，来看大桥，他说这个不行，一定要用常规的做法。最后还是用一些黑石子掺进去。我们那个时候追求快。其实，一个杰作不在乎它时间建设的长短，国外有很多工程建造一百年的都有，我们一个月就建好了这个东西。

做“三面红旗”费了很大周折，钢板做的旗子形状，我们有一位老师建议要有一个红旗的动态，要有飘动的感觉。这个设想很好，所以做钢板的时候，用双曲面，钢板外面采用玻璃砖，找到南京玻璃厂，设计红玻璃。南京玻璃厂造的红玻璃，一块玻璃有 1 厘米厚、10 厘米长，临时搞的，他们作为一个政治任务来做。拿了样品来，确实不错，很漂亮，有 1 厘米多厚，又结实，好看，军管会当场就定下来。可是一生产问题就来了，样品他们肯定拿最好的来给你，每一炉情况就不一样，他们炉子塑材高度分层次，最上面与最下面的温度不一样，烧出来的颜色也不一样。玻璃厂烧一箱出来马上就送到工地上，立即往上面贴，没有挑选的时间。当时大桥工地管理很乱，国庆节前夕，又不找技术工人，由体育学院的一些师生干。玻璃怎么贴到钢板去，得用一种特殊的胶，环氧树脂，我们又没有现成的环氧树脂，南京位于江北的钢铁厂，他们的技术员是做胶贴材料的，贴胶也是匆忙赶做出来的，做出来就往上贴。

插红旗的时候，二桥处抽调了 20 多名铆工、装吊工、吊车司机、电焊工，组成青年突击队，队长由机修厂分队长李裕民担任。四桥处也组织精兵强将，干这一项大桥建设中的“点睛之笔”。

那时候桥头堡的脚手架上挂着一幅大标语“苦战两天两夜，插上‘三面红旗’，夺取最后胜利”。突击队分两个班，每班 12 小时作业，电焊工全部吃住在桥面。突击队员每天 4 餐饭（含夜餐），全部由食堂工作人员送上桥面。“三面红旗”贴玻璃砖的活，由参加大桥建设的南京工学院、南京体育学院的大学生们干，从 9 月 27 日下午开始抢贴。

贴玻璃砖的时候桥面上一片混乱，施工沙子到处是，灰尘飞扬，体育学院的师生也不懂技术，现场也没组织好，贴胶弄得到处都是，玻璃砖上面踩有很多脚印，还沾有胶水、沙土，贴的时候是半夜里，什么也看不清楚……第二天早上一看，那旗子脏不说，玻璃砖色差太大了，挂上去，整个一面“破旗”，这还得了？那么高的“三面红旗”

挂的是三面破旗？工人们马上找来红漆一刷，玻璃砖几乎没起作用，因为钢板接触玻璃时间一长，大江边，温差变化大，钢板和玻璃收缩不一样，不久那些玻璃砖就一块块往下掉。所以，1970 年就把那些玻璃全部撤下来，改成在钢板上刷红漆，这就是“三面红旗”。后来反复刷，年年刷。至今如此。

浇筑桥头堡工农兵塑像是在冬天，大雪纷飞，天气特别冷，外面用帆布把它围成桶，像个房子，用带颜色的 80 号水泥一层一层的浇灌，约 50 厘米一层，每两个小时浇一层，然后停两个小时再浇，最重要的是掌握颜料，深了浅了都难看。工人、学生和一些解放军战士在技术人员的指导下不分昼夜地干，短短几天时间，就把两个桥头堡雕像浇筑好了。

1968 年 9 月 9 日至 26 日，根据国务院指示，铁道部会同南京大桥建设委员会、上海铁路局、大桥工程局等单位成立验收交接组，进行验收检查及交接工作。

在公路桥面上，全部 4 条车道上布满载重卡车，每车满载，按照规定间距，以不同速度通过大桥。

夯实铁路桥路基

铁路桥在国内大型桥梁上首次使用了无缝钢轨，在焊轨厂就用气压焊把未淬火的 25 米钢轨焊接成需要的长度 217 米和 250 米两种，运到桥面后，再把以上两种钢轨用铝热焊焊接成 465 米的长钢轨。使用无缝钢轨，使列车通过平稳，噪音小，减少了对桥梁的冲击力。在铁路桥面上，在上下行的双轨道上布满标准重量的满载列车。并于27日晚至次日晨，以双线双机附挂60吨高边车7辆进行试验，并要求在桥上按照正常行驶、紧急制动以及各种最极端、最不利的满荷载情况下反复通过，以此测量全桥各部的应力、应变、位移等数据。设计人员在全桥的桥墩、钢梁等部位布设了大量测试元件，取得大量的观测数据。

结果表明，钢梁弹性挠度远小于设计规程允许值，其他各项试验指标均为优良。检查验收评语为：正桥深水基础采用浮运下沉拼装薄壁钢筋混凝土沉井修筑，在技术上是很大的创造。钢梁的型式、制造、架设、铆合的质量较高；正桥工程质量优良；引桥墩、台基础质量良好；预应力钢筋混凝土梁质量优良；辅助设备基本齐全。但后期质量检查有所放松，人行道设置较窄。

南京长江大桥的钢梁是我国第一座用现代电子计算机计算，按照结构分析，大桥是N次超静定结构。当时，用手工计算相当困难和复杂，大桥钢梁设计组只有几台手摇计算机。我国那时只有一台大型电子计算机在北京国防科委，设计组参加电算的人要到北京去排队上机，担负此项任务的人要绝对可靠，需进行严格政治审查。大桥局经过精挑细选，最后派工程师马冕南负责这一工作。他到北京排上几个月的队，实际真正上机只要1个小时。马冕南把电算资料带回来，设计组人员用大量人力和时间才能把结果整理出来。

根据以上情况，验收交接组确定大桥可以交付运营使用。铁路部分于1968年10月1日起，正式交由上海铁路局使用；公路部分于1969年元旦交付使用。

1968年9月30日和12月29日，这两个日子对于六朝古都南京来说是一个重大节日，一个永载史册的日子。

9月30日，天气晴朗，碧空如洗，金风送爽。国庆前夕的南京城披上节日的盛装，到处洋溢着喜庆气氛。庆祝活动在大桥南堡下的广场（如今的南堡公园）举行，道路两旁摆满了鲜花，气象台升起五颜六色的大气球，大桥上下无数面红旗迎风招展，辽阔的长江江面上来往的船只悬挂着彩旗。江中正桥两侧悬挂着“伟大的领袖毛主席万岁”10个大字，每个字8米见方，约5吨重。在高耸入云的桥头堡上，用玻璃砖镶嵌而成的三面巨幅红旗在灿烂的阳光下鲜艳夺目，熠熠生辉，气势雄伟的南京长江大桥尤显壮观。

1969年国庆节南京长江大桥彩车通过天安门广场

主席台布置隆重而热烈，黄色的背景墙上是“南京长江大桥铁路通车典礼”几个大字，中间是毛主席像，两边是国旗，旁边簇拥着10面红旗。主席台两侧一左一右矗立着两幅毛主席语录。

一大早，参加通车典礼的人们满怀胜利的喜悦，敲锣打鼓，喜气洋洋，从四面八方汇集到江边、桥头。下午2时，通车典礼在《祝福毛主席万寿无疆》的乐曲声中开始，江苏省革命委员会副主任杨广立首先讲话，介绍了大桥建设的经过；铁道部负责人杨杰向参加建设南京长江大桥的职工、解放军指战员和工程技术人员表示热烈的祝贺；时任南京军区司令员、江苏省革命委员会主任许世友为大桥铁路桥剪彩。

然后，1000 多名市民代表和部队指战员乘坐彩车驶上大桥，红旗招展，锣鼓喧天，欢声雷动。

许世友为大桥铁路桥通车剪彩

大桥局摄影组长、著名摄影艺术家任发德回忆：1968 年 9 月 30 日是一个令人难忘的日子——南京长江大桥铁路桥建成通车，怎么用相机完美记录这一激动人心的时刻呢？我着实动了不少脑筋，几个晚上睡不好，辗转反侧。头天晚上我申请了一辆解放牌卡车，预先在卡车上搭建了 6 米高的万能脚手架平台。通车典礼当天，天还没亮，我就把装备好的卡车开到大桥下的典礼现场，爬到脚手架平台，等待观礼群众的到来。天放亮了，人潮渐渐涌来，每个人脸上都洋溢着兴奋和激动，我在高空中频频按动快门，将雄伟的大桥、人山人海观礼群众，统统定格在镜头里……

时任大桥局二桥处设计组助理工程师常荣五回忆：铁路桥通车的前一天晚上，我刚要下班回去休息，设计组的李玉书同志打电话来约我到桥头饭店去吃饭，我当时尽管很累很困，很想回去好好睡一觉，可还是拖着疲惫的身子来到桥头工地旁的临时饭店。那一天，我终生难忘，我们俩每人喝了一斤葡萄酒。这是我一生中第一次喝醉。直到这时，李玉书才告诉我，明天举行大桥铁路桥通车典礼，设计组一共给了两张票。工宣队决定，由我们俩作为设计人员的代表，参加通车典礼。也就是说我们 40 多个设计人员，只有我们两个人能参加通车典礼。坐彩车，从南京新站出发，开到江北的林场车站，然后返回。我当时心里很不是滋味，组里很多德高望重的老同志不能去，桥头堡总体设计胡壮卿工程师、钢结构专家方秦汉工程师、深水基础专家陈新工程师、身患慢性肺结核仍坚持工作的勇宗泽工程师、组里画图最快出图量最多的杨电雷工程师，老晒图员田得发师傅……他们都不能去。我说，我不能去，那么多老同志都去不了，把我的票给他们吧。李玉书说，这是工宣队的决定，你必须去！

大桥铁路桥通车盛况　任发德摄

常荣五说，我喝得头昏乎乎的往回走，望着桥头堡上的密密麻麻的脚手架，心想，明天能通车？不可能！那么多脚手架一夜间能拆除？我回到单身宿舍倒头就进入梦乡。第二天一大早，李玉书把我叫醒，我到屋外一看，桥头堡上的脚手架拆得一根不剩，上万立方木材脚手架，全堆在位于南岸引桥下的钢梁预拼场上，我当时震惊得说不出话来。大桥军管会真能创造奇迹，一个晚上能调动那么大的力量，把上万方木材的脚手架拆下来，整齐堆放好。同时也感到无奈、悲哀，桥头堡大多是混凝土结构，还没达到设计强度，尤其是上部那许多的悬臂梁，过早拆模这可是要出大问题的……那天坐完彩车回来，我急急忙忙爬上桥头堡，果然不出所料，发现许多裂缝，尤其是那些悬臂梁的根部，裂缝相当严重。我立即向工宣队、军代表报告了这件事。两天以后，上面通知，让我们查明情况，提出解决办法，任务落到我头上。我与10多位同事一起，带上放大镜，把桥头堡的混凝土结构部分从下到上认真检查了一遍。大大小小共有200多条裂缝，并把每条裂缝出现的部位、宽度、长度等情况作了详细记录，然后由我们设计组配合二桥处做了妥善处理，没有给大桥的安全留下隐患。后来，听说周总理陪同罗马尼亚总统齐奥塞斯库视察大桥时，罗马尼亚朋友对我们的大桥赞不绝口时，周总理很坦率地说，我们的大桥不是那么十全十美，桥上就出现过裂缝嘛！由此可见，大桥军管会没有向上级隐瞒这件事。

吊装工冯永祥回忆：我在大桥通车的前6天，1968年9月24号，发生了意外。在刷洗公路桥背面横梁上的标语时，吊住我的卷扬机钢丝绳突然被绞断，我从20多米高的公路面硬生生跌到了铁路面，当场压缩性腰椎骨折、腿骨折，被紧急送往南京铁道医学院。那时候全国都在支援建大桥，大桥工人知名度非常高。会诊后，外科医生林友俊激动地在病历上写道：病人是大桥工人，为抢修大桥而发奋工作，因故受伤。目前，全市人民全力支援大桥工程，为国庆通车贡献自己的力量。我们应全力协助工程进展，故该伤员要收入院治疗疗养，住三或四病区，请病区同志协助。我在医院受到英雄般的待遇，妻子去单位领来了乘车证，代替我参加了通车仪式，回来兴奋地向我描述通车的盛况："桥上下都挤满了人，连桥下的马路，甚至树上都站满了人，真是人山人海，大家都热泪盈眶……"

1968年10月1日凌晨3时，新中国第19个国庆日的曙光微露，南京长江大桥铁路桥迎来它第一列火车——从福州开往北京的46次快

铁路桥通车

车。当列车驶上被无数彩灯照耀得如彩虹般的大桥铁路桥时，车厢内一片欢腾，旅客们为自己能乘坐通过南京长江大桥铁路桥的第一列客车而感到无比幸福和自豪。他们争先恐后地挤到窗口，观看铁路长虹的雄姿。

当年一位署名“江虹”的作者，写了一篇《列车飞过天堑时》的散文，记录了这趟列车经过南京长江大桥时的情景——列车快到南京的时候，广播喇叭响了，广播员报告一个振奋人心的大喜讯：横跨天堑的南京长江大桥铁路桥已经建成了，这次列车是从南方通过大桥开往北京的第一次列车！在夜色中旅客们睡意顿失，沉静的车厢顿时喧腾起来。“南京长江大桥共分两层，下铺双轨铁路，上有可以并行 4 部汽车的公路，铁路桥全长 6740 多米……”广播员报告说，“这座大桥是我们靠着自力更生的精神，自己设计自己施工，没找一个洋人，没有一点洋设备，终于建成了这座全国最大的、在世界桥梁史上罕见的南京长江大桥！”喜讯传来，旅客们心花怒放。列车通过交通大动脉的枢纽——新建的南京车站，就要跃上衔接南北方铁路干线的南京长江大桥了，大家情不自禁地紧靠列车厢两壁，每个窗户都偎着密集的人群。靠近窗户的人把玻璃擦了又擦，戴眼镜的人掏出手帕揩镜片，老年人在揉眼睛，为的是把这个震惊全世界的南京长江大桥看得更真切、更真切一些啊！看，大桥灯火辉煌，几万盏彩灯把她打扮得如同一条灿烂的长虹高悬在空中。“伟大的领袖毛主席万岁”10 个红色大字和巍峨的桥头堡上的“三面红旗”映红了江水。列车奔向引桥，紧靠窗口的许多旅客忙着看手表，记下这意义重大的时刻——1968 年 10 月 1

日3点零1分。这时只见那桥南的树木和电杆越来越远，越来越小，使人感到车厢仿佛在凌空飞腾，感觉出大桥无比雄伟的气势。

列车奔到大桥中间，朝两边望去，好一派节日之夜的壮丽景色。茫茫长江，像闪烁着千万颗星星的银河，数不清的大小船只，悬红旗，挂彩灯，五颜六色的灯串勾画出船身、船楼和船塔的轮廓。江水晃动了倒影，喜气分外隆重。桥下江水波涛汹涌，滚滚东流；桥上列车飞跨天堑，直奔首都。

当年人们为年轻的新中国取得如此伟大的建设成就而欢欣鼓舞，那种质朴热烈的情感，那热闹欢腾的场面仿佛跃然眼前，扑面而来。

1969年12月29日，尽管下着雨，但还是人山人海，南京城几乎倾城出动，人数达百万之众，南京城区的人们向着大桥朝北走，江北浦口的人们顺着大桥往南走，大桥上欢声笑语，水泄不通。据当时的解放军指战员回忆，庆典结束后，他们在桥面上捡到好几箩筐鞋子。公路桥通车时二桥处工程师万方是和先进工人代表、技术人员、解放军战士坐第一趟火车从南到北，待典礼开始后再坐汽车从北桥头堡到南桥头堡。大桥局文工团的年轻人每个人手拿一本《毛主席语录》，边舞边唱“敬爱的毛主席，我们心中的红太阳……”，兴高采烈地从桥南跳到桥北。南京气象学院（现南京信息工程大学）学生姜正云说，在大桥公路桥通车典礼上，我们和大桥工人们一道对大桥工程质量的检验考核翘首以待，当南京军区司令员许世友同志带着彩车队隆隆驶上大桥时，我们一起鼓掌、欢呼、跳跃，大家为祖国的“争

公路桥通车典礼

气桥”流下了热泪。

新华社和《人民日报》《新华日报》有如下文字报道：

【新华社南京二十九日电】在亿万军民热烈欢呼我国成功地进行了一次新的氢弹试验的大喜日子里，从扬子江畔又传来一个振奋人心的喜讯：我国工人阶级靠战无不胜的毛泽东思想，高速度、高质量地在一九六八年十二月二十九日，胜利地建成了南京长江大桥的公路桥。至此，我国自行设计和建造的最大的现代化桥梁——南京长江大桥，已经全面提前建成通车。

十二月二十九日上午，南京市五万多军民欢聚在江边桥头，冒雨隆重举行大会，庆祝大桥的提前全面建成，热烈欢呼伟大的毛泽东思想和毛主席无产阶级革命路线的又一伟大胜利，热烈欢呼“无产阶级文化大革命”的又一丰硕成果！庆祝大会结束后，红色的信号弹腾空而起，在一片鞭炮和锣鼓声中，一百多辆满载南京工农兵代表和红卫兵小将的彩车徐徐通过公路桥。顿时，大江南北，桥上桥下，车内车外，一片欢腾。“伟大领袖毛主席万岁！万岁！万万岁！”的欢呼声震撼大地，响彻云霄。

《新华日报》报道：本报讯在夺取“无产阶级文化大革命”全面胜利的进军声中，在我国成功地进行了一次新的氢弹试验的大喜日子里，在全国人民满怀战斗的豪情欢欣鼓舞迎接新的一年即将到来的时刻，我国自行设计、自行施工的南京长江大桥胜利建成，全线通车。这是战无不胜的毛泽东思想的又一伟大胜利，是“无产阶级文化大革命”的又一丰硕成果，是向将要召开的党的第九次全国代表大会的一项重大献礼。12 月 29 日，南京市五万多军民冒雨隆重举行集会，热烈庆祝南京长江大桥全线胜利通车。

新建成的南京长江大桥公路桥正桥两端，矗立着四座巨大的工农兵英雄群塑，桥头堡的三面鲜艳夺目的红旗，直插云霄，银灰色的栏杆旁，无数面红旗迎风招展，气势雄伟的长江大桥，显得分外壮观。

29 日一早，参加庆祝大会的广大工人、贫下中农、红卫兵小将和革命群众，以及在“三支”“两军”中立下卓越功勋的解放军指战员，满怀着胜利的喜悦，手捧红彤彤的《毛主席语录》，高唱革命歌曲，簇拥着毛主席的巨幅画像，敲锣打鼓，从四面八方汇集到江边桥头的庆祝大会会场。中国人民解放军南京部队负责人、江苏省革命委员会负责人以及南京市革命委员会负责人和省、市革委会委员参加了庆祝大会。上午八时，大会在庄严的《东方红》乐曲中开始……南京长江大桥全线通车大会结束后，南京市近五千名知识青年积极响应毛主席关于“知识青年到农村去”的伟大号召，乘坐国产汽车浩浩荡荡地第一批通过我国工人阶级自行设计、自行施工的南京长江大桥公路桥，到苏北农村安家落户。他们感到无比自豪，万分高兴，纷纷表示：坚决遵照毛主席的教导，一辈子在农村安家落户，一辈子接受工人阶级和贫下中农的再教育，永远忠于毛主席，建设社会主义新农村。

九、保卫大桥

大桥的岗哨最多时八十多个，对大桥实施三个层面的守护。大桥的守护还有防空，最早也分三个层次，第一个层次是高空防护，由导弹部队负责；第二个层次是中空防护，由高炮部队负责；第三个层次是低空防护，主要靠快艇上的高射机枪。

万里蓝天彩云飘 / 万里长江浪涛涛 / 火红的太阳心头照 / 我为祖国守大桥……战斗的列车 / 光荣的列车 / 向着共产主义飞快奔跑……

这首题为《我为祖国守大桥》歌曲，词作者是原总政歌剧团团长陈奎及，曲作者是著名曲作家田歌，经著名歌唱家刘秉义首唱后，响彻大江南北，传唱几十年，当年列车一上南京长江大桥，这首旋律优美、节奏欢快有力的歌曲顿时响起。

这首歌创作于 1972 年。其实在 1968 年，大桥全面竣工前夕，根据大桥所处的战略经济地位和当时国家内卫勤务相关规定，经中央军委 1968 年第 81 次会议研究，报毛泽东批准，组建一个加强营，对大桥实施武装守护。加强营隶属于江苏省军区独立二师，被命名为独立二师大桥守护营。

1968 年 6 月 24 日上午，艳阳高照，大桥守护部队成立大会在大桥局四桥处的简易礼堂内召开。江苏省军区、南京市有关领导和独立二师的主要领导参加了会议，会上宣布了全营干部的任命和守护营编制序列。

时为护桥部队战士、曾任武警江苏总队第三支队副支队长马志浩回忆：我是 1968 年 3 月调入护桥部队的，我去的时候大桥还没有合龙，中间是个空的，大桥不是两面建设嘛，建设到中间合龙。我们先期进驻的主要任务是训练和对外围一些重要目标的守护，还有就是震慑的作用，有部队真枪真刀地守在那儿意义就不一样了。

大桥各关键、要害部位都有解放军战士荷枪实弹站岗。现在很多人可能会想，如此太平盛世，朗朗乾坤，谁会来破坏大桥？不过是摆摆样子罢了。可20世纪六七十年代，由于和苏联及西方强国处于敌对状态，中国整个社会环境氛围高度紧张，国际形势是“早打、大打、打核战争”（这一时期我国大搞“三线建设”即源于此），国内阶级斗争“年年讲、月月讲、天天讲、时时讲”，各种惊险离奇的反特故事随处可闻。孩子玩耍演绎的就是打仗、抓特务；大人们描绘“美帝”“苏修”“蒋特”妄图阴谋炸毁南京长江大桥的情节：“定时炸弹”滴答滴答地进入倒计时，每一个人的心跳随之提紧，额头冒汗，如临大敌，就在这紧要关头，忽然天降神兵，英勇无比的人民解放军战士或公安人员出现了，风驰电掣般赶到现场，一看，手表竟然停摆了？原来附近隐藏有磁铁……险象环生，在最后最关键时刻终于将“定时炸弹”成功排除，南京长江大桥终于化险为夷。坏人永远长得歪瓜裂枣、贼眉鼠眼、猥琐不堪，好人国字脸、浓眉大眼、仪表堂堂，几次简单交锋，最后正义战胜邪恶，红旗高高飘扬。现在看起来是一些简单可笑的故事、情节，但当年人们却煞有其事，表现出同仇敌忾的决心。

当年那种全民皆兵、提高警惕的氛围，从守桥战士所创作的系列“枪杆诗”里可见一斑。如王兆文、庄恒民两位守桥战士创作的《一片忠心守大桥》：“一轮红日心头照，一杆钢枪握得牢，一座桥墩一岗哨，一片忠心守大桥。”“五好战士”王如喜创作的《夜巡》：“满江水，满天星，驾快艇，江中行；瞪眼看，侧耳听，浪涛吼，更觉静；夜茫茫，更觉明，守大桥，献忠心……”“五好战士”孙向东创作的《歌声卷起万顷涛》：“日出东海金光照，架桥战士登大桥，万人高唱《东方红》，

军民联合保卫大桥

歌声卷起万顷涛！”这些近似白话的诗作无不反映当年的社会环境，以及战士们的热血豪情。

时任大桥局二桥处设计组助理工程师常荣五回忆：有一天天气晴朗，听说是索马里的朋友来参观大桥，他们在高高的桥面上不断向我们挥手，高喊“毛主席万岁！中国万岁！”突然，桥下一片骚动，有人喊“有特务要破坏大桥，被解放军抓到了。”不一会，我看到，两个全副武装的解放军战士押着一个人，从桥头那高大的架梁的龙门吊机下，向大桥军管会那栋二层小楼走去。人群像潮水一样涌上前去观看。那人被押进军管会。大家久久不散，想问个究竟。后来，听说那个人开了一辆大卡车来到工地，他把车停在路上，提着一包炸药，放在那龙门吊机的下面，他的行踪早就被在桥上面执勤的解放军战士发现了，当他把炸药放到龙门吊机的轨道下面时被战士们当场抓住。他炸桥的动机不得而知，如果他的阴谋得逞，那横在公铁两用的桥墩上方的巨大龙门吊机垮下来，后果真是不堪设想……

还有一次，8 号墩被一艘铁驳给撞了，驻我们设计组的军代表通知我和总工程师陈昌言立即到位于大桥下游的金陵船厂去。我们抵达船厂的江边码头，看到有一艘千吨级的铁驳停在那里，军管会的几位领导都在那。领导让我们下到铁驳的仓里查看破坏情况，以判断撞力的大小。铁驳的龙骨已严重变形，可见撞力相当大。从仓里上来，我们又乘护桥部队的快艇，开到桥下的被撞的 8 号墩附近，船绕着 8 号墩数圈。我们看到，桥墩在靠近水面以上大约 1.5 米高度处的混凝土受到损伤剥落。大家查看了桥墩的设计计算书，一致确认，桥墩在设计时已经考虑了船撞力的问题。这次，是铁驳从上游被顶推顺流而下，应是擦碰，不是正面撞击，其力量没有超过我们的设计撞力，不会对桥墩有结构性的破坏。

南京大桥建成不久，航政局听到很多航务人员反映，船过南京，短短一段距离要经中山码头轮渡、火车轮渡、南京港和长江大桥。尤其大桥是个重要关口，船过大桥上怕碰钢梁、下怕碰桥墩。为保证各类船只在南京长江水域安全航行，除了航务人员要业务熟练，看准航道谨慎驾驶，还必须对桥梁、桥墩等设置醒目标识，让人辨清位置。原大桥管理处决定对航标桥涵灯具加以改进，做到亮度明晰、光照距离远，让船长在数公里外就能瞭望到。灯具更换后，又根据船长们的建议，把航道桥孔中间公路桥上东西向两根灯杆分别漆成红蓝色，这样，船长白天在很远的地方，只要把两根灯杆看成一根时，就意识到船只已对准桥孔中间行驶，安全感大为增强。

为了确保桥、船都安全，南京航运部门把有几十年驾驶经验的老船长和一些中青年驾驶员组织起来，对大桥水域及船舶航行的特点进行细致深入地调查研究，并探索了各种情况下的操作实践：从单船到拖驳船队，从拖一驳到拖多驳；从枯水期、中水期到洪水期；从风平浪静到狂风暴雨；从白天到黑夜……经过多次反复摸索，总结出第一手宝贵资料。如今，不管是什么季节、何种水位、水流（潮汐）和何种风向，在大桥的 4、6、8 孔航道通行的三个过程（准备区段过程、稳向航行区段过程、过桥区段过程），均有一套安全过桥的操作方法。另一方面，不断提高船舶驾驶人员的技术水平，对关键部位工作的人员进行重点培训，使其做到技术精、责任心强。为保证所有船舶安全顺利地通过大桥，航运部门还制订了有关大桥水域的安全规定（简称为《桥规》）。

尽管如此，据统计从大桥建成通车至今，半个多世纪中，大桥桥墩被过往船只撞击近 40 次，多为千吨以上的船舶，其中也有 5000 吨的大船。但是，大桥没有伤筋动骨，至今坚挺，质量良好，因此有网友戏称其为“桥挺挺”“桥坚强”。

大桥的岗哨最多时有八十多个，对大桥实施三个层面的守护。第一个层面是对公路面的管理、看护，防止有人对大桥公路面进行破坏，在桥面上设置多个岗哨；第二个层面是铁路桥，铁路面呈封闭管理，只有大桥桥管处的巡道工和执勤战士能上去，其他人是上不去的，它也设了很多个点，包括两头的卡口，防止坏人进入铁路面实施破坏；第三个层面是地面和水面，地面的岗哨是防止有人跳过来实施爆破破坏。水面有巡逻艇，长江里跑得最快的那种船，实行昼夜巡逻。大桥最要害的部位是 9 个桥墩，由船队负责巡逻。

大桥的守护还有防空，最早也分三个层次，第一个层次是高空防护，由导弹部队负责；第二个层次是中空防护，由高炮部队负责；第三个层次是低空防护，主要靠快艇上的高射机枪。当然，这是几十年前的防卫措施，现在国内国际形势已发生巨大变化，守护情况也就不一样了。

守护部队组建之初，可谓一穷二白，条件极其简陋，全营没有一间营房、一张床椅。营部就设在四桥处江北职工宿舍内，下属四个连的官兵与建桥职工们同吃同住在简易棚内。很长一段时间，战士们都是蹲着吃饭，睡的是用木板拼成的通铺。每逢阴雨天，外面下大雨，屋内下小雨，脚踩稀泥。当年营里主要领导资格老、地位高，可享受团级干部待遇，但在当时的艰苦条件下，大家难得回家团聚，星期天也很少休息，平时勘察、设置哨位和开展其他工作，都是步行或骑自行车。

为了保障支持守护部队执行保卫大桥的任务，时任南京市市长、大桥建设委员会副主任委员彭冲批示，为保障和解决部队生活学习训练和执行任务，在南起四平路，北至桥北路，东起象山，西至向阳桥的公路、铁路沿线建造营房。有关单位赶制了床、椅等日常生活用具。彭冲曾多次到部队营房施工现场视察，解决问题。

时任大桥守护营营部书记员、干事芮剑魁回忆：1968 年 3 月，当时从驻南京的独立二师抽调力量组建起南京长江大桥守护部队，我有幸成为第一代南京长江大桥守桥卫士。在守卫大桥的 4 年中，我经历了许多难以忘怀的事。守护大桥的营部设在江北一栋房子里，在大桥建设最后阶段施工会战期间，许世友司令员和当时的江苏省委副书记彭冲同志多次来到大桥工地视察。有一次，许司令员带着几个人来看望大桥施工总工程师王超柱，王超柱就住在我办公室对门，这样安排也是让我们间接保护他。王超柱是个传奇性人物，原来是一名普通的桥梁厂的架子工，只有小学文化，但他勤学苦干，后来竟然成为南京长江大桥施工总工程师，中国共产党第九次全国代表大会的代表，名气很大。那天，彭冲穿一身很普通的中山装，脚上是一双布鞋，他一个人来的，没有警卫跟着，在营部机关门口我问他找谁，他说找王超柱，我又问他：“你是谁？”他说：“我是彭冲。”我一听，赶紧引他到了王超柱的房间。

大桥哨兵

新组建的大桥守护部队，新兵是应征入伍的地方青年，干部则来自不同团队，对新的岗位、新的任务还有个适应和熟悉过程。为此，守护营上下开展起轰轰烈烈练兵活动，为加强组织纪律性，进行规范化管理，守护营组织了为期一个半月的整训，还根据大桥的特点和周围的社情，摸索制定了一系列规章制度。

守桥战士们两小时换一次岗，加上从营房到哨房的时间，一个班次要花 2 小时 40 分钟的样子，冬天晚上下岗，才钻进被窝还没暖和过来，又要上岗了。在大桥最初通车的日子里，面对成千上万因参观大桥而滞留的群众，他们想方设法护送年老体弱者和妇女儿童。大桥哨位除了在大小堡上下，还有铁路桥两端的桥头，以及大桥桥墩上。他们不论严寒酷暑都得坚守岗位，严冬顶着风霜雨雪从铁路桥面走向桥墩，当年在桥墩上设有哨棚，用以严密守护桥墩，江风呼啸冷冽刺骨，他们要在上面站岗放哨，仔细观察来往船只和江中的漂浮物，不让它们靠近桥墩，以确保大桥不被人破坏。夏季洪水季节，上游来的漂浮物很多，有水缸、钵头、木头、箱子等等，那时候国内外形势紧张，报告情况的电话一个接一个，害得值班员的手只能放在电话机上，一个晚上几乎没有停歇的时候。后来备战气氛淡了，加上那儿确实没发现过“敌情”，桥墩上的哨位就撤了。

夏天，守桥战士们站在公路上没有任何遮阳设施，最高温度达56℃，早些年没有空调，现在条件改善有空调了。除了天气外，守护大桥还有几个特点：第一个是高空，特别在铁路桥上，人站在桥上一看，有时候会犯晕；第二是高污染，以前的火车烧煤（现在都是电气化，好多了），灰尘飞扬，再加上公路桥上的汽车尾气，江北还有一个造纸厂，江南一个肉联厂，南北夹击，那个味道一闻就想吐；第三个是高噪音，汽车、火车，整天整夜咣当咣当，有时把营房都振得跳动，而且每到一个关键地方必须拉响汽笛，呜……所以一般人在附近根本没有办法睡觉，但战士们习惯了，哪趟火车该到了，他们迷迷糊糊，即使在睡梦中也知道，如果哪趟该到没到，就会紧张得惊醒。由于高空间、高污染、高噪音，加上高度精神紧张，护桥部队几乎每年都有战士患精神性疾病。

时为护桥部队战士、曾任武警江苏总队第三支队副支队长马志浩回忆：转眼我离开部队近 20 年了。我们那个时候一个连队是 152 个人，正常连队是 109 个人，我们是 152 个人，我们是步兵连，12 个班，4 个排，一个班 12 个人，再加上炊事班，满编加强连，现在有多少人就不知道了，估计没有这么多了。我们那时候伙食费是 4 毛 2 分钱一天，挑肉丝拿放大镜。喝汤，部队上有个“段子”：靠边移，慢慢提，手慌心莫慌，手慌都是汤。喝这个汤叫不要晃、不要浪下面必定有名堂。这是个笑话。我们喝的汤就是刷锅水，扔两片青菜叶子，肉根本看不到。我们靠肉联厂近嘛，吃两种肉，一种叫高温肉，通俗地讲就是死猪肉，以前肉联厂的猪死了后经高温消毒直接埋了，后来我们吃了也没事，但它毕竟不如鲜肉好吃。还有一种肉像黄豆饼一样，什么槽头肉，猪大肠子啥的一股脑压出一个饼来，我们买来砍下一块用水泡好放在面里煮，有香味就行。米是糙米、中熟米，放在枪膛里可以当子弹。吃那个馒头我们叫“银翘解毒馍”，黑不溜秋的，特别难吃。军粮嘛，都是几十年前的粮食，当年的粮食是吃不到的。所以那时候苦啊，但能吃饱。我刚当兵时还吃不饱，后来就好了，时间不长。一天 4 毛 2 分钱，看上去不少了，但你要油吧，要盐吧，要调料吧，去掉这些，那时候最便宜的肉也要几大毛钱一斤，你说摊到每个兵能吃多少。我在一连当连长时，看到战士们吃饭都站着，没有凳子，我就发动大家去桥管处找一些旧枕木，铁路架的那个枕木，经常换，换下来以后没有用了。我们拿回来把它剖开，打成板凳，是那种一张桌子 4 个边角围起来的，叫围凳，坐着吃饭。现在部队条件好了，战士们真幸福。哨位上都有空调，吃的是丰盛可口的自助餐，每天有鸡蛋，有牛奶，有水果，我们那时候哪有这些东西。我守大桥时年轻，我有一种很深的情怀融入大桥。当时我们夫妻想要生三个小孩，把南京长江大桥纪念下来，南京取个京，长江取个江，大桥取个桥，三个小孩，分别叫马京宾、马江宾、马桥宾。生了老二后还没取名字，就计划生育了，不能生第三个了，老二就没叫马江宾，取个半拉子也不好啊，干脆叫马海滨。老大马京宾当兵是在第四机床厂搞训练，后调他去了护桥部队。他从武警指挥院校毕业后，在大桥三中队当司务长，我们父子可以说是两代护桥人。

对大桥的守护工作，南京军区、江苏省军区的领导都很重视，司令员许世友不但多次到建桥工地检查，在大桥建好后还多次来到大桥，勘察和布置守护勤务，向全体官兵讲话，提要求。

时任江苏省军区独立二师师长郑永乐回忆：1970 年 11 月，我从上海调到南京，担任独立二师师长。12 月的一天，许世友要我到他的办公室去，谈长江大桥的警卫工作。一见面，许世友就对我说：“你原来是上海警备团团长吧？我每次去上海看好八连时都见到你，我们很熟悉呀！独立二师驻南京多年，是老公安部队，对城市保卫工作很有经验，现在把长江大桥的护卫工作交给你来负责，你们要和南京警备区合作，共同守护好大桥，确保平安无事。长江大桥从筹建到建成我都清楚，它来之不易。‘文化大革命’还不知道什么时候才能结束，也不知道会发展到什么地步，你们部队内部要搞好团结，不能闹两派。要告诉干部战士，造反派要来冲击的话，你们要经得起冲击。如果守桥兵力不足，可从其他连队抽调，确保一个岗哨有 4 个人，还要有一两个连队做好应急准备，基干民兵也要组织起来。部队领导要有专人负责这项工作。你们要和大桥管理处搞好团结与合作，共同保卫好大桥。”

1971 年冬天的一个夜晚，漫天风雪，寒风刺骨。郑永乐正在师部值班，夜间 12 点钟左右，电话铃骤然响起，是查哨的某连副连长打来的，他说：“许司令员带着两个参谋来大桥查哨了。”郑永乐放下电话，带上韩守训参谋向大桥上赶去。路上韩参谋担心地说：“不知道首长来到大桥查出什么问题了？”郑永乐说：“谁知道，反正又要挨骂了。”许世友来到大桥后，查看了每个岗哨，向战士们问长问短。他看见一位执勤战士穿着解放鞋，披一件破雨衣站在雪地里，许世友问：“怎么没有岗楼，没有发毛皮鞋，冷不冷？”那个战士报告：“不冷。毛皮鞋每个执勤点只有一双，大家都穿，怪脏的，我就没穿了。”许世友一听火冒三丈：“马上把大桥管理处负责人给我叫来。”回到营部办公室，他问：“桥上为什么没有岗楼？谁干的？”

管理处负责人回答：“按规定，大桥上不能设岗楼，因为有外国人来参观，不美观。”许世友一听，声音提高八度：“谁规定的？我怎么不知道？如果让你的孩子在雪地里站岗挨冻，你不心疼吗？大桥上的岗楼让管理处尽快解决，毛皮鞋、雨衣，你们打报告要，就说是我许世友讲的。”在许世友的关心下，这些问题很快得到了妥善解决，战士们的生活、工作条件都有了改善。

1973年底，许世友调往广州军区任职，临行前他又一次来到大桥，看望护桥部队和大桥管理处的干部职工。他说："我奉了毛主席的命令要离开南京，离开南京大桥了。我对南京、对大桥是很有感情的。这座桥建起来真不容易呀，你们一定要把大桥管理好，警卫好，确保安全。我是快70岁的人了，将来退休我还要回南京，再来看你们，看大桥。你们辛苦了！"

早年大桥的安全保卫工作，除了武警部队，还有民兵，尤其在一些重大节假日期间，哨兵由单哨变成双哨，水上和陆地的机动巡逻加强，同时民兵与武警联防，那真是三步一岗五步一哨。今天，我国社会政治经济环境变了，氛围也不一样了，节假日大桥上民兵难得一见，只有武警战士站哨几十年如一日，始终没有放松警惕。马志浩说，大概在1971年5月，一名姓何的战士在江南大堡望江台上执勤时，看见一条小船上，有人把一个篮子丢进水里。小何立即报告，这一情况直达许世友那里，许世友说："宁可信其有不可信其无，一定要把它查清楚！"马志浩带着船去江心洲挨家挨户查，问了一晚，没结果。没办法，只有出动捕捞队，下滚钩。当时那个位置，在肉联厂外侧，篮子没捞上来，捞上好多大混子鱼，指战员大吃一顿。后来，地方公安也出动了，到第二天中午，那条船查到了，原来那人划条小船，在肉联厂附近看到上面飘来一个篮子，他捡起一看篮子没底，随手一丢。小何只看到他丢篮子，没看到他捡篮子。

像这种"虚惊一场"的事很多，1989年，有人向公安部门举报，说有一个车，打南边来，装了炸药，大概什么时候通过大桥。那时候从上到下都很紧张，护桥部队迅速在江南检查站（当时江南、江北公路桥两侧都设有检查站，现在撤了）加强警力，届时还真拦下那么一辆车，车号、车型都对，执勤战士当即把车扣下来，押到大桥管理处食堂，那地方场地宽，然后把车上的货物一件件地卸下来，卸到中间时发现一个包，上面印有TNT字样，但里面装的不是炸药，是塑料制品。如此一折腾，最后那个货物装不下车了，南京没有装车工能装起来，只有从浙江调人，才装起来，那车拉的东西太多了。

也是在1989年，有位出租车司机拉了位客人，客人在车上嘀嘀咕咕，好像不正常。司机跟客人闲聊，说大桥的警卫工作如何严格，如何厉害，个个是火眼金睛。客人听了，说不过大桥了，让他把车开到江北桥底下。在江北大堡底下，客人下车后从大堡一路往北走，走到一处芦苇荡里，把什么东西放下后，回头把钱付了。出租车司机立即向公安部门报告，经查这人确实拿的是炸药、雷管、导火索，他是搞工程爆破的，其所在公司在江南有一个爆破任务，他通过关系弄来一些炸药，打车回去时，听说大桥安保工作抓得紧，干脆丢下危险品不过大桥了。

大桥铁路桥上的哨兵

当然，也有千钧一发、十万火急的时候，时任武警第三支队四中队排长黄国兴回忆：1993 年 3 月 28 日零时 3 分，铁路正桥 2 号墩和江北小堡的执勤哨兵童钟、王成，几乎同时发现由南向北行驶的 158 次列车车头燃起一团火球，火借风势越燃越大，很快分成两条火舌吞噬着车头两侧，车上 1500 余名旅客的生命财产危在旦夕。列车疾驶到正桥上，按规定大桥正桥是不允许停车的。在这危急时刻，哨兵王成迅即用电话向中队报告，然后朝北岸方向飞奔，当他跑到铁路引桥时，举起手中的枪示意停车，司机看到停车信号时，也发现了火情，于是紧急制动，将列车停在距离小堡不远的引桥 13 号墩处。此时，车头的火苗越蹿越高，王成和及时赶来的童钟从司机手中接过灭火器，首先展开灭火。3 分钟后，二中队中队长陆南胜带领 112 名官兵，从营区跑步赶到铁路桥下面，攀越 163 级扶梯赶到现场。赶来的官兵除 70 名担负警戒和机动任务外，其余 42 名迅速投入战斗，在车头两侧不足 3 米的狭小空间，25 只灭火器同时开启，成八字形夹击。经全力扑救，零点 15 分大火扑灭。1 时 25 分，列车更换车头，继续北上。

十、闪亮“名片”

据原南京军区军史资料记载：1969年9月25日夜，许枫指挥坦克某团80辆坦克一早就出发。从南京花旗营抵达北桥头堡时，80辆坦克和60余辆各种型号的汽车呈一路纵队排开，车与车间隔50米，整个车队绵延近10公里。

大桥建成通车后，作为新中国向全世界展示社会主义建设的辉煌成就，展示中国人民在中国共产党领导下独立自主、自力更生、奋发图强，走向灿烂明天的豪迈足迹和精神风貌。党和国家领导人曾多次来大桥视察，同时大桥也是一张新中国向世界展示巨大成就的闪亮“名片”，各国政要纷至沓来。1970 年至 1993 年，据不完全统计大桥先后接待了 100 多个国家和地区的国家元首、政府首脑及 600 多个外国代表团，来此观览的国内外游客更是难以计数。

1975 年 4 月，邓小平同志陪同朝鲜领导人金日成到南京参观访问。行程中有参观南京长江大桥项目，江苏省外办安排他们乘坐了著名的“1956-1-11 艇”，在江面上观看长江大桥。1956 年 1 月 11 日，毛泽东主席就是乘坐这艘艇视察长江的。1971 年南京军区将它命名为“1956-1-11 艇”。1978 年 5 月，朝鲜人民军歌舞团来南京演出，其中一个重要活动就是参观南京长江大桥。这次朝鲜来宾有近 360 人，是参观团人数较多的一次。几乎所有外宾参观大桥时都会受到强烈震撼，在那个年代，他们都不敢相信中国可以依靠自己，自力更生建造规模如此之大的跨江大桥。参观时，他们发出一声声惊叹，疯狂地拍照，毫不吝惜胶卷。

大桥建成后不久，一天，时任省革委会主任彭冲陪同波兰政府教育部部长来大桥参观。当工程师沈留福介绍说，建设大桥原来打算请苏联专家当顾问，那位部长马上插话：“苏联我去过，他们的大河是

1978 年 5 月朝鲜人民军歌舞团部分成员参观南京长江大桥

伏尔加河，没有长江大，他们没有建过像你们这样的大桥，不会有这种经验。”中日建交后，日本曾派出一个 20 人组成的土木建筑工程代表团到中国，成员都是些年迈资深的土木工程方面的权威人士，他们对南京大桥很感兴趣，尤其是东京大学的名誉教授平井墩先生（曾担任过 18 年的世界桥梁学会副会长）不停地问这问那。他们在交谈中谈到，当时南京大桥使用的某些技术已超过了日本，如铁路桥铺的钢轨，当年日本国内仍在使用 25 米一根的普通钢轨，南京大桥已使用长度为 480 米的焊接无缝钢轨。后来，平井墩先生又两次率团来南京大桥参观，为日本建造本州至四国的特大铁路悬索桥做准备。

当年大桥可是闻名全国乃至世界的景点，到大桥一游，在桥上留个影是件很时髦的事（即使没有机会来，戴块手表、在照相馆以大桥的图画为背景照张相也足以自慰）。从众多合影来看，有几个相对固定的视角，公路桥面、铁路桥面和南堡广场是经常被摄影师选择的地点。从这些角度看大桥，可以看到桥头堡上的“三面红旗”与工农兵雕塑、桥身尺度巨大的结构以及整齐排列的坚实桥墩。这些角度有当时政治宣传的需求，但无疑充分展现了大桥的雄伟壮美。

黑龙江省巴彦县兴隆镇的兴隆中学教师王树人回忆：1969 年 9 月，在农村生产队正干活的我被母校兴隆中学找去当了代课教师。转正后不久，有两件事勾起了我想去南京一睹南京长江大桥风采的念头。一是观看了中央新闻纪录电影制片厂拍摄的《南京长江大桥》彩色纪录片，被南京长江大桥的雄伟壮丽深深吸引；二是 1972 年 8 月 18 日我在小镇的新华书店买到一本上海市出版革命组出版发行的由“南京长江大桥工人写作组”撰写的报告文学集《南京长江大桥》，认真阅读完后我被建桥工人“征服天堑”，“飞架起了我国最大的桥梁”的“自力更生、奋发图强”的革命精神和革命干劲所感动。但当时要去南京是不可能的，不说那时还没有“放长假”旅游的举措，就是赶在放寒暑假去南京也是“望而却步”的，因为从遥远的东北去一趟南京得花掉我两个多月工资，回来全家只能“喝西北风”了，所以我也只能是想想了。1976 年 10 月粉碎“四人帮”后，随着“拨乱反正”的不断深入，在“纠正冤假错案”“落实党的各项政策”的过程中，我所工作的兴隆中学党支部把一位叫郭权新的老教师的入党问题提到了议事日程。郭老师是江苏常州人，早年曾在国民党的空军部队服役，建国前夕随部起义后，在 1949 年 10 月 1 日的“开国大典”上，曾作为接受检阅的飞行队 17 架飞机的机组人员，飞过天安门广场，后来被分配到哈尔滨军事工程学院任教。1958 年被“下放”到巴彦县兴隆中学担任物理教师。郭老师曾多次向学校党支部递交入党申请书，都因历史问题被“关在党的大门之外”。1979 年 9 月，为了解决郭老师的“入党”问题，按政审规定，学校党支部决定派人南下常州和上海进行“外调”，去查清他的“社会关系”。因为“事情重大”，学校党支部决定派校长王荣天和我（当时为学校的政工干事）前去。临行前，我对王校长说：“多年前我就想去南京参观一下南京长江大桥，这回咱俩去常州和上海‘外调’要途经南京，‘外调’

回来可以中途在南京下车，这不就能参观南京长江大桥了吗？”王校长说：“咱们在南京没有‘外调’任务，怎么能在南京停留呢？”9月中旬的一天，我与王校长带着学校开具的两份“外调”介绍信先来到常州，找到郭老师的哥哥，在他带领下来到其所工作的工厂，工厂给出具了没有“历史问题”的证明材料。“外调”任务完成后已是傍晚时分了，我们决定当晚去南京，在那儿住一宿，第二天一早去参观南京长江大桥。那次我们特地选了离南京火车站不太远的大桥饭店，打开窗户就可以看到南京长江大桥。翌日我俩早早起床洗漱完，先结账后用餐，就徒步向不远处的南京长江大桥走去……我俩走走停停，不知不觉来到正桥北面的“桥头堡”下，驻足小憩一会儿后，又踏上大桥北面的引桥继续朝北走着。走着走着，当遇见一个摄影的“摊位”时，我和王校长凭栏照了一张相。

江苏省南通市通州区物价局退休老职工杨汉祥回忆：20世纪80年代初，我在家乡一所初中当教师。一次省城一家报社召开表彰优秀通讯员大会，我有幸被邀参加，会议结束前组织了与会代表参观南京长江大桥。这次真让我大开了眼界，不仅和与会代表参观了大桥的外貌，而且还在公路

节日里的南京长江大桥

桥面的人行道上走走看看，最后还在桥头堡周围拍照留念，我其中一张以桥头堡和很长一段桥面为背景的全身照拍得特别好，其貌不扬的我在这张照片中显得格外潇洒有精神。转眼间我到了谈恋爱的年龄，周围热心人帮我介绍了好几个姑娘，对方都嫌我不帅气打了回票。后来，我的一位表嫂帮我介绍一位她远在苏北大丰的姨侄女，并言明先交换照片，如果双方看了照片都满意再找机会见面。我把那张在南京长江大桥上照的全身照寄了过去。不久姑娘也寄来了照片并答应先通通信。先通信正合我心意，我可以在笔头上多下功夫，以弥补自己相貌上的不足……婚后妻子告诉我，当时她父母看了我照片上的“尊容”是不满意的，她本人也有此想法。但由于她父母都是土生土长的庄稼人，没出过远门，也从没见过像南京长江大桥那么高大雄伟、那么气派的大桥。他们看了我照片的背景觉得这座大桥不同寻常，认为我能站在那儿拍照一定不是普通平民，肯定是见过大世面的人，所以才答应让我们先通通信。而她当时高中毕业刚当小学代课老师，只是想先从通信中看看我肚子里到底有多少“墨水”……我和妻子至今都认为南京长江大桥是我俩的“大媒人”，从内心感谢这座美丽而气派的大桥。

1969 年 9 月 21 日，毛泽东来到大桥视察。毛泽东视察大桥，事前属于绝密，极少有人知道，后来新闻媒体也从没对毛泽东视察大桥做过报道。

时任大桥守护营营长徐鸿林回忆：那是 1969 年 9 月 19 日上午，我到独立二师司令部参加紧急会议。会上，南京军区司令员许世友交给我们营一项特殊任务，要求我们按照一级警卫方案做好迎接中央首长来大桥视察的准备。当时没有讲明来的是哪位首长，据确定的方案等级，我心里想，来的中央首长不是毛主席就是周总理。会议临结束时，军区作战部吴占魁部长再一次提醒我：“如果首长到时要游泳怎么办？”听了这句话，我猜是毛主席要来视察大桥了。因为在中央首长中，最喜欢游泳的当数毛主席了。毛主席要来大桥，我为能亲眼见到毛主席而暗自高兴和激动，又为要做好毛主席视察大桥的警卫工作感到责任重大。

20 日下午 2 时，大桥警卫任务开始执行。所有哨兵都换上整洁的军装，并派出一名干部和一名战士，在大桥上游南北岸分别设点，对长江的水温和流速定时进行测量。

晚上 7 时许，全桥白玉兰花灯和悬挂在南北大堡外墙上的彩灯齐放光明，从空军部队借来的 8 盏探照灯置于南北大堡平台上，一齐打开，大桥在灯光的映衬下更加壮观。晚 8 时左右，南京军区领导和曾经参与建设和保卫大桥的原 60 军团以上干部一同来到大桥，并排站立在大桥桥面的人行道上。此时，已经站了六七个小时的哨兵和守护营干部仍精神抖擞地站立在各自哨位上，时间一分一秒过去，大家都在翘首企盼毛泽东快点到来。虽然，当时没有说明是谁来视察，但大家心中都猜出是毛泽东。

晚上 11 时，许世友乘一辆吉普车巡查了大桥的警卫情况，然后迅速离去。

21 日凌晨 1 时 37 分，只见大桥南边“工”字堡方向车灯闪亮，整齐的车队上了南引桥，驶过南堡继续向北，到北堡后车队调头再往南开。约 10 分钟后，车队停在南堡。许世友从车上下来，快步走到车的另一面，打开车门，小心地扶着毛泽东下车。毛泽东在许世友等人的陪同引导下，来到独立二师领导的面前，毛泽东说：“大桥非常重要，部队一定要守好大桥，保证安全。”随后，毛泽东又走到其他迎候人员面前，同大家一一握手。每个人都很激动，不停地鼓掌。

毛泽东面带笑容，健步走到众人面前，人群中响起了热烈的掌声。毛泽东向大家挥手致意，然后与最前面的几位群众握手交流。当时由于大桥实施了戒严，普通市民进入不了，但又不能没有群众，南京军区便组织了部分机关干部和家属上桥看夜景。

吴肖霞回忆：1969 年 9 月下旬的一个下午，我在军区机关工作的老头让我取消原定的逛街计划，好好收拾一下，晚上到长江大桥上看夜景。我说：“能不能不去，因为大桥都看了好几次了。我家老头很神秘地说，真不去？不去的话，到时可别后悔。我一听，话里有话，但他死活不说什么原因。吃过晚饭，他换上了便装，也盯着我要我换上最好看的裙子，还给 6 岁的女儿扎上了红色的蝴蝶结。”

吴肖霞一家三口晚上 6 点不到就上了大桥，此时，桥上已经有很多人在逛。仔细一瞅，都认识，大家都穿得很周正、得体，都是接到通知说来大桥看夜景的。过了很长时间，都凌晨了，每个人都很困乏了，想回去，可又好奇到底是什么人来，所以大家都在坚持，有些孩子都在大人怀里睡着了。又过了一会儿，吴肖霞看到一拨人，有十多个，从南边过来了，当时桥上的灯很亮，就见那人特别高大，走在正中间。吴肖霞磕磕巴巴地喊：“大家快看，那是不是我们的毛主席？”

大家围到毛泽东身边，就知道喊“主席好”，都想不起来该说什么话。吴肖霞当时抱着女儿站在主席面前，女儿开口叫起来：“跟画画上一样，跟画画上长得一样的。”大伙儿哈哈大笑起来。毛泽东这时候拉住囡囡的手，用湖南话说“没错，没错，是一样的。”（2009 年 6 月 22 日《现代快报》，2018 年第 4 期《钟山风雨》）

也就是这次视察大桥时，毛泽东问许世友，你这个大桥能不能过坦克？符不符合战备需要？许世友一时答不上来。毛泽东离开南京后，许世友就报请总部批准，决定调动坦克部队检验大桥的承载要求。

许世友命令驻苏北某装甲团全员从大桥上通过，时任某装甲 10 师师长许枫负责指挥此次军事行动。许枫，安徽省定远县人，1923 年 11 月出生，1939 年 2 月入伍，历任排长、连长、大队长、营长、处长、团长、副师长、师长，后担任南京军区装甲兵副参谋长、副司令员等职，曾参加过孟良崮、莱芜、淮海等著名战役。许枫虽身经百战，但对能否圆满完成这次任务忧心忡忡，大桥建成，国人扬威，观瞻者络绎不绝，这桥的承载能力到底怎样？谁也没底。在南京军区常委会上，大家对坦克车队从桥面通过意见不一，反对声不绝，主要集中在对大桥质量的担忧及对桥面的损伤。许世友力排众议，指示许枫迅速召集有关参与建造大桥的桥梁专家，在最短的时间内拿出坦克车队能否通过的数据。许枫与桥梁专家们反复论证，调来当时吨位最大、重达 32 吨的 2 辆重型坦克进行测试，将测得的数据及相关情况上报许世友。装甲 10 师第 39 团是一个英雄团，也是我国最早接受苏联坦克技术培训的部队之一，从团长到士兵，坦克操作技术都很过硬。为了执行好这次任务，坦克上的新兵驾驶员都被换了下来，而由营、连、排干部亲自驾驶。39 团原来装备的是 59 式坦克，由我国自己生产的最新 62 式轻型坦克已列装两年，这次正好是一次集中检验。此次来南京来执行任务前，39 团一直在安徽进行野营训练。为防止坦克辗坏桥面，许枫提出在大桥路面上铺设三四层草包垫，车队行走前用水浇湿，同时规定坦克在整个桥面行驶过程中严禁调整方向或调头行驶。

据原南京军区军史资料记载：1969 年 9 月 25 日夜，许枫指挥坦克某团 80 辆坦克一早就出发。从南京花旗营抵达北桥头堡时，80 辆坦克和 60 余辆各种型号的汽车呈一路纵队排开，车与车间隔 50 米，以 45 公里时速前进，整个车队绵延近 10 公里。

时任坦克 10 师作训科参谋张进宝回忆：为了让坦克车队安全顺利通过大桥，我们考虑到了每一个环节、细节，大脑里进行一遍又一遍“演练”，坦克从北岸上桥，过桥，下桥后右转向西进入市区，过新街口，从中华门出城区，回营房；桥的质量是肯定没有问题，前两天从南京军事学院借来2辆重型坦克半夜里在桥上试着跑了个来回，桥纹丝不动，桥面也没受损，只是桥面太平滑，坦克是双制动，刹车和转向时控制不好会造成反转向，所以必须保持速度平稳和方向正直，这对驾驶员的技术要求很高。上桥下桥的坡道、弯道处，坦克的转向力太大，反转向的可能性也就更大，履带在转向力的作用下对路面破坏力也大大增强，所以所有拐弯的地方都要铺上草垫子。由于桥比较长，坦克车队必须保持一定安全间距又不能显得稀稀拉拉，最后设计的参数是每辆坦克保持20米距离，以45公里时速前进。进入市区后沿途有多处跨街道的高压线，高度略低于坦克的天线和竖直的高射炮，昨晚已把每一辆坦克的天线都压下来绑在车体上了，高射炮筒也不再冲着天，重新调整了角度，当时为确定一个既不影响在市区通行又能显示坦克威风的炮筒角度，大家费了很多心思。

就在坦克车队整装待发的前一天晚上，39团官兵又对每辆坦克进行仔细检查和测试，发现其中一辆的离合器出了问题，虽毛病不大，但一时还没办法弄好，得回营房才能修。怎么办？大家都建议这辆坦克明天不参加行动，那么多辆，少一辆也没啥。可是这辆如何弄回营房？有建议明天的行动之后单独再来弄回去，可是怎么弄？单独开回去？单独乘火车？似乎都不合适。有人建议明天让它跟着队列走，不能离合不是不能行驶，控制好刹车就行。建议一出，大伙儿都不说话了。坦克兵都明白，坦克是双刹车，就是一个刹车控制一条履带，离合完好的情况下，在泥土路、沙石路上，刹车时都很容易造成转向和反转向，在附着力较弱的平整桥面和城市街道上就更难控制，何况这辆坦克的离合不能用，控制速度完全要依靠刹车。这时，39团副团长于脉文见大家只挠头不吭声，就说：“那我来驾驶这辆吧，跟在队列的最后。咱不能把它留在江北，回头再来弄它可就费事了。”于脉文是参加过解放战争的老兵，也是第一批接受过苏联坦克部队培训的坦克兵，技术好，胆大心细。

26日上午，前来观看的市民陆续到来，站在大桥两端等待着。上午9时许，4辆三轮摩托前行开道，2辆宣传车紧跟其后，4个大广播同时进行宣传，第3辆是许世友的指挥车。只见许世友站在一辆敞篷越野吉普上，手持《毛主席语录》，不停地挥手向广大市民挥手致意。装甲车队紧随其后，缓缓驶上大桥。

坦克上桥啦！近了，更近了，第一辆，第二辆，第三辆，第四辆，第五辆……坦克轰鸣，地动山摇，威风凛凛！坦克排出的尾气扬起阵阵青烟，气味似乎很好闻。道路两旁的市民人山人海，高踮脚的，伸长脖子的，手舞足蹈的，大声叫喊的，惊讶得合不拢嘴的……坦克来啦，坦克来啦！当年南京铁二小（当时地处南岸引桥东边）一位名叫程宇之的小学生，已想不起自己是如何冲出教室的，如何就到了离学校还有一定距离的马路边上，踮着脚挤在人群里，他身边有哪些老师、同学，完全想不起来了，他兴奋地对周围的一切都没在意，他的眼睛被一辆接一辆庞然、威武的坦克拉直了，他开始还数数，后来就数糊涂了。“那可是真家伙呀！”这是一句被很多人大声、反复感叹的话。那种排山倒海、近在咫尺的冲击与震撼，无须太多的语言来形容。

上午11时许，整个车队全部通过大桥桥面。据当年的《新华日报》报道，那天有100余万群众目睹这一空前盛况。

1971年6月5日下午，阳光灿烂，周恩来亲自陪同罗马尼亚共产党总书记、国务委员会主席齐奥塞斯库及其党政代表团来南京参观大桥。参观的车队从南引桥上桥，经回龙桥开到南大堡停下，周恩来和罗马尼亚领导人一起步入贵宾接待室，在第一排沙发上就座。

时任大桥管理处任副处长的杨祖绪，站在1：300的长江大桥模型侧

“独立自主，自力更生”是建设大桥的指导思想

面，面对首长和贵宾，尽管稿子已经过有关方面审定，他也进行了充分准备，但还是有点紧张。他先介绍大桥的概况，说大桥是铁路、公路两用桥。当讲到大桥有多长时，周恩来温和地说：“这些你就不要说了，贵宾们都看到了，你还是谈谈大桥工程是怎么建的。”杨祖绪说：“长江下游的地质水文情况非常复杂，美、日帝国主义曾断言，在这里造桥比登天还难。我们发扬自力更生精神，自行设计、自行施工、用自己的材料建造了这座举世闻名的南京长江大桥。”周恩来打断了杨祖绪的话，表情严肃地说：“武汉长江大桥你为什么不讲，我们有武汉桥的经验，武汉大桥是苏联专家设计的，南京桥沿用了武汉的经验，而且有发展。要尊重历史。你这一段没有讲好，你不懂就要学嘛！”周恩来的一番话，使杨祖绪一时语塞，不知所措。

情急之下，杨祖绪反而没了刚才的拘谨，他想干脆把准备好的都说完，也好听听周恩来的意见，再将讲稿作全面修改，于是他接着说：“1964 年，我们还不能制造桥梁钢，钢梁是从苏联订的货，由于苏联撕毁合同，中断了供应，在这样的情况下，由我国的鞍钢经反复试验，研制出了桥梁钢，解决了钢梁问题。”听到这里，周恩来笑着说，你这话就说对了。杨祖绪接着说，建设大桥时，造反派中的两派闹分裂，经过做工作，最后联合了，两派的团结使钢梁合龙，把桥建成了。周恩来说：“由于曲折，才觉得工程不容易，要保卫好胜利果实。”周恩来听了桥头堡仅用 28 天时间就建成的介绍，问：“工程质量怎么样？”这时，坐在后排桥管处负责生产的一位副处长起身回答：“我们经过检查，质量很好，没有问题。”周恩来回头看了看他，语气十分严厉说：“年轻人，不要把话说满。说成一切都好，那不就成‘一点论’了？这不符合毛泽东思想。”齐奥塞斯库见状，称赞说：“这是个好工程。”周恩来说：“成绩是主要的，可是不能说满话，这种工程将来还要发展。”

杨祖绪回忆：原定六七分钟的讲解，延长了近半个小时，我最后说：“今天我没有讲好，总理对我的批评很正确，我没有参加建桥的实践，也没有学好毛泽东思想，欢迎贵宾和同志们提出批评。”这时，总理笑着带头鼓起掌来，在场的人也都鼓起掌。齐奥塞斯库说：“南京长江大桥的确是一座很好的桥，是一项伟大的工程。我们在多瑙河上建造了公路大桥，我们管理的同志也喜欢把桥介绍得很完美。我请你们以后到我们那里去参观。”在我引导外宾们离开接待室，准备上桥参观的时候，总理紧走两步，握住我的手说：“今天我批评了你，可是我也向你学了一些东西啊！”我一时激动地不知该说什么。原来，总理已从陪同的许世友司令员那里得知，我不是铁路部门的，是来支左的部队同志。总理陪外宾乘电梯上了正桥，在桥头堡参观后又坐车来到北引桥，与大家合影留念，然后乘车离开了大桥。（东南大学出版社 1996 年出版《跨越天堑》第 188 页，2018 年第 4 期《钟山风雨》）

1985 年 2 月 2 日，天气晴朗，乍暖还寒。上午 8 时，3 辆乳黄色的面包车驶到大桥南桥头堡前，邓小平和王震在江苏省和南京军区有关领导人的陪同下视察大桥。邓小平、王震满面笑容地同等候在这里的上海铁路局局长韩杼滨等人一一握手，问候大家。

邓小平一行从大堡乘电梯到达铁路桥上，江面上寒风阵阵，邓小平走在最前面，紧随其后的是大桥管理处处长梁金余，他担心邓小平着凉，忙从随行人员手中接过大衣给他披上。邓小平连连摆手：“不用，不用！”继续沿着钢轨仔细察看，老人家虽 80 高龄，但仍步履矫健。当梁金余汇报到职工们发扬建桥精神，认真维护、保养大桥，保证大桥每天开行的 96 对列车安全通过时，邓小平点点头，连声称赞：“好，好！”（东南大学出版社 1996 年出版《跨越天堑》第 190 页，2018 年第 4 期《钟山风雨》）

邓小平和王震看完铁路桥，又兴致勃勃地走上南大堡平台，当看到川流不息的车流，关切地询问起公路桥每天通过的车流量和桥头堡的情况。这时，随行人员提出与两位首长合影留念，邓小平看到梁金余站在旁边，忙招呼他站到中间来。照完相，邓小平、王震毫无倦意，兴致颇高地继续乘车察看公路桥面。

十一、永远的桥

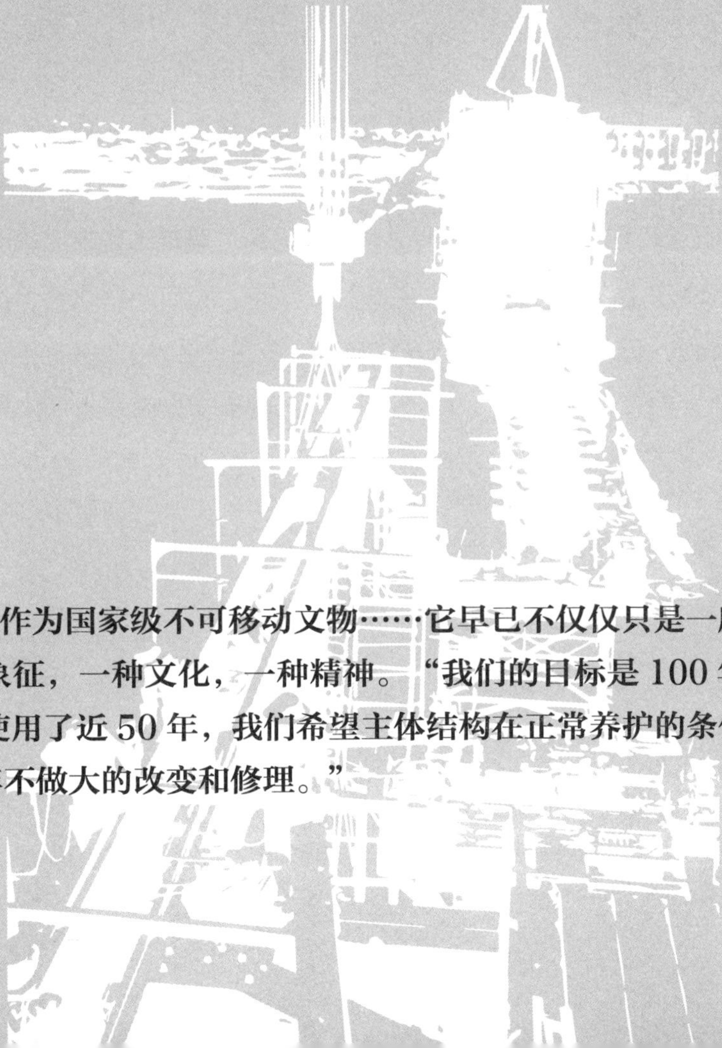

大桥作为国家级不可移动文物……它早已不仅仅只是一座桥，而是一种象征，一种文化，一种精神。“我们的目标是100年，之前它已经使用了近50年，我们希望主体结构在正常养护的条件下，再用50年不做大的改变和修理。”

南京长江大桥曾经是著名风景名胜，承载几代人的青春记忆。

江苏句容籍一位叫朱咏梅的医生回忆：小时候，我看过《南京长江大桥》的纪录片，依稀记得，里面讲苏联专家宣称中国造不出长江大桥，浇筑的桥墩会往下塌陷，但新中国的工人们发挥聪明才智，排除万难，终于创造奇迹，“一桥飞架南北，天堑变通途”，使国人扬眉吐气。当时我热血沸腾，就想早点实地领略南京长江大桥的英姿。南京长江大桥让我对外面的大世界更加期待，这种期待使我充满动力，走向高考的战场，开始人生第一搏。1981 年夏天，我考上了镇江医专，学习妇产科。跨进大学校门的那一刻，我真的找到了《南京长江大桥》里的豪迈感觉。管理严格的校长，悉心指导的老师们，每月近 20 块钱的好伙食，让我潜心医术。1982 年春天，我们班组织去南京春游，征求大家意见。我强烈要求去南京长江大桥，还大谈了大桥公路通车时，南京军区司令员许世友调 100 多辆坦克试桥的佳话。同学们听了，也都神往不已。那次是我第一次去南京。游罢中山陵、玄武湖，我们毫无疲倦，满怀兴致，乘车前往大桥。刚走上引桥，脚下就驶来隆隆作响的火车，振得桥体都在颤动，我的心也跟着颤动。迎面而来的是两座宏伟建筑，那定是著名的“桥头堡”了！我们兴奋地仰视着“桥头堡”上的浮雕，感觉和电影上的一模一样，只是看起来更高大……

著名作家叶兆言回忆：大桥通车时候，我还是个孩子，老百姓谈得最多的是，好多辆坦克一辆辆开过去。那年头没有电视直播，为什么要坦克开过去，当时不明白，可能因为是小孩子的缘故。大桥建好，我一直没与它发生联系。外地亲戚朋友来南京，陪他们出去玩，也就是玄武湖和中山陵，大桥有点太遥远。没有长江大桥前，南京只是个长江南岸城市，江边真的太远。小时候很少越过鼓楼坡，我第一次去北京，大桥还没建好，火车靠轮船摆渡，人也不用下车。后来有了大桥，直接开过去，因此最初记忆中的大桥，都是坐着火车，从它肚子里穿过去。说起来自己都不相信，我第一次走上大桥，竟然是上大学以后，选修民间文学，因为这门课，到大桥北边的村庄收集民间故事。那时候已开始写小说，采风时，遇到一名流落在当地的抗战老兵，河南人，中条山之战成了日军战俘，没完没了做苦役，最后留在了大桥那边。对民间故事没兴趣，采风结束，突然想到要以老兵的经历，写中篇小说。这是我的第一部中篇，但最值得一提的却是，为这部小说，我连续好几天，骑车过大桥去采访这位老兵，一大早去，晚上才回。那时候，年轻气盛，骑自行车上下大桥，迎旭日看晚霞，来去轻快自如。刚开始学习写作，也没想到以后会成作家。20 世纪 80 年代初期，改革开放大潮不可阻挡，大桥上经过时，看到最壮观的一个镜头，很多活鸭浩浩荡荡源源不断运往南京，都是用自行车驮，一辆自行车上可以装很多很多活鸭，就跟玩杂技一样。

由于南京长江大桥在华夏大地家喻户晓，与人们的生产生活有着各种关联、记忆，20 世纪六七十年代前，乃至八十年代出生的人，都能描绘自己心目中的大桥，讲一段与大桥或多或少、或浓或淡的故事。

笔者小时候对大桥的了解首先是从小学语文课本上，还有就是从表姨父和表姨的一张合影上，那时候表姨父在海南岛当兵（后来提干，转业到我们乡政府担任人民武装部部长，我应征入伍就是从他手上走的）。照片上的表姨和表姨父青春淳朴，表姨父穿那个年代近乎闪着光芒的军装，表姨穿白衬衣挽着衣袖露出醒目的手表，他们身后就是那座著名的、似乎神话传说中的南京长江大桥。那张照片就挂在我们家堂屋黑黢黢木墙上的镜框里，父亲将家里所有照片，包括亲友、邻居的，全部整齐有序地装在一两个木制镜框里。在我们那儿几乎家家户户这么做，家庭简单的社会关系一目了然，也可能是方便来家里的客人观看吧。在湘西南那个偏僻小山村，照一次相很不容易，拍张全家合影比过年还隆重。那时我没事就端详表姨和表姨父的“高级”照片，盯着南京长江大桥看，思绪翩飞。多年以后，我和表姨父聊起那张照片。他说，那是一幅背景画，他们从来没有去过南京。

随着社会发展、经济飞跃，人群代际更替，大桥渐渐淡出人们的视野，往日的辉煌与光芒已缓缓偃息，在今天 90 后、00 后眼里，它仅仅只是一座桥，一座沟通南北的铁路公路两用桥。

2019 年 4 月一个春风和煦、阳光灿烂的周末，因写作此书，我再次来到大桥公园（也叫南堡公园）。这座 20 世纪 70 年代初，为迎接柬埔寨西哈努克亲王而建设的公园，同时起到绿化美化、保护大桥（作为隔离带，大桥与车辆、人们居住区分开）的作用，还是 20 世纪 80 年代的景象，设施简单，花木稀疏，管理粗放，游人稀少，比较萧条，公园空旷处几个小孩在欢腾雀跃地放风筝，树荫下三五成群的老人在饶有兴趣地打“掼蛋”（扑克的一种玩法）。旅游大巴可长驱直入地开进公园，门票费还是多年前的 15 元（含上桥头堡电梯费 8 元）。乘电梯上 5 层桥头堡参观、照相的大都是上了年纪的，至少是中年人，偶尔有年轻人，也是陪同老人的，听口音大多是外地的，天南地北的都有。他们轻声谈论大桥，静静欣赏大桥，也在回忆自己一去不复返的青春岁月。

如今，大桥作为国家级不可移动文物，除了它本身凝结人们太多的情感与记忆外，同时留下诸多影像记录，回忆文章，音乐戏曲，乃至美术作品，述说它曾经辉煌的过往，它早已不仅仅只是一座桥，而是一种象征，一种文化，一种精神。

当年在曲艺界被誉为“江南旗”，与相声泰斗侯宝林先生齐名的张永熙先生，曾创作、表演相声《赞大桥》（又名《赞不完》）。为创作本子，张永熙先生带领徒弟曾数次登临行走大桥。在美术界有魏紫熙、陈大羽、宋文治、亚明、钱松喦、尚君砺、杨培钊、余彤甫、范保文、冯健亲、陈坚等许多著名画家以大桥为题材，创作了一批优秀的油画、国画作品，或会意或写实留下大桥的雄伟风姿。

著名画家魏紫熙的女儿魏莉回忆：我父亲生前曾多次画过南京长江大桥。其中他参与创作的一幅国画《南京长江大桥》，是 1971 年他与钱松喦、尚君砺等国画大师经过多次实地写生、几易其稿而创作的。作品中紫金山巍峨高耸，山下厂房林立，长江浩瀚澎湃，巨轮穿梭其间，整幅作品气势宏大，蔚然壮观，美轮美奂，堪称一幅描绘南京长江大桥的经典国画作品。1973 年，父亲又与宋文治、亚明等几位国画大师共同创作以大桥美景为题材的作品，在创作过程中，他们从下关码头乘船，在船上仰望大桥；又来到长江岸边写生，从不同角度描绘大桥；并且乘坐空军的直升机，从空中鸟瞰大桥。当时，我曾两次陪同父亲登临江边的幕府山，看他怎样选取最佳角度，画出大桥的壮美。当年父亲虽有高档相机，但他还是喜欢到实地去观察、写生，去身临其境地触发创作灵感。

魏莉时任大桥二处桥梁厂的吊装工，她 16 岁下放到江浦县（今南京浦口区）大桥村当知青，24 岁回城，先后在二桥处任桥梁吊装工、桥梁工厂工会干事，在大桥局工作 15 年。由于对大桥情感深厚，且受父亲的艺术熏陶，后来她也曾多次画大桥。她说，如今大桥两岸已不见忙碌的港口和高耸的烟囱，映入眼帘的是高楼林立和风景如画的阅江楼，时代在前进，大桥更堪入画，更美了。

天堑通途　魏紫熙创作

南京艺术学院原院长、著名油画家冯健亲回忆：南京长江大桥作为文艺样式曾红极一时，是那个时代广大艺术家热衷表现的对象，用现在的说法，就是“网红”。我第一次画大桥，是建成通车那年，有出版社请我画过一张宣传画。我用三天三夜时间才画好，有现在的四张《新华日报》那么大。这张宣传画是当时配合宣传大桥最新式的一个方式，影响很大，商店、车站等公共场所都贴遍了。1974 年是建国 25 周年，我当时是南京艺术学院的油画老师，被学校派去画大桥，和著名画家苏天赐老师分在一组。要画大桥，就得先了解大桥的全貌、意义价值，以及长江的模样。我们一行人特意沿长江边写生，先到镇江，再到上海黄浦江边。10 天的写生，让我感受到了万里长江的雄伟气势，我们观察江水颜色，欣赏两岸风光，了解大桥对沿江的运输作用。写生结束后，我们回到长江大桥身边，到桥的周围、高处去观看它，大桥很长很大，很难看全，当你看全时，又离它很远，虽然在阅江楼上能看全，但构图上来讲又很平，就是一个桥。仰视呢，能看出桥的弧度，俯视呢，能看全它。观察大桥，站在当年的老虎山上视角最佳……万事俱备，胸有成“桥”后，我就在大桥引桥下面那个“大桥照相馆”里打地铺，一条垫被铺在地板上，一床被子盖盖，那时候年轻适应能力很强，在那里住了近一个月，创作了大大小小二三十张写生稿，跟大桥的关系也更亲密。我走遍了大桥的每一个角落，“三面红旗”的高度是76米，我也爬上去了，从大桥公园电梯上去后，再通过内部的旋转楼梯走到红旗所在的平台上，从这个平台往下看，大桥的透视效果很好，非常壮观。虽然不是每一个细节都会在我的画中体现，但清晨、黄昏、晴天、雨天、这个角度、某个瞬间，大桥的上下左右及周边山头，我都一一地走遍、经历、感受、记录。后来，我创作的油画《一桥飞架》，参加建国25周年全国美术作品展，作为全省唯一一幅油画入选作品，被中国驻法大使馆收藏。

夜色中的桥头堡　崔龙龙摄

大桥从建成之日起到现在历经了多次大的保养维护。1969 年初，正式成立南京长江大桥管理处。1975 年 11 月，更名为上海铁路局南京长江大桥管理处。1979 年 12 月，经铁道部批准，更名为南京铁路分局南京长江大桥管理处。2006 年，由原大桥管理处、南京工务段、芜湖大桥维管中心和南京铁路轮渡所合并成立了南京桥工段，仍隶属于上海铁路局。2016 年 8 月，大桥公路桥由上海铁路局移交南京市，铁路桥部分仍归上海铁路局所有。

大桥管理处，成立之初，工作和生活条件比较艰苦，职工们发扬大桥精神，在搞好大桥养护维修、确保安全畅通的同时，清理生产场地，建造了办公用房和护桥部队的营房。为迎接柬埔寨国家元首诺罗敦·西

南京长江大桥夜景　崔龙龙摄

哈努克亲王的来访，组织社会各方面人员进行义务劳动，抓紧修建大桥公园，建造了道路、花圃、喷水池，移植了雪松、银杏、桂花、广玉兰等名贵树木，于 1970 年基本完成了大桥公园等一期工程建设。大桥公园的建成更加衬托出大桥的巍峨雄姿，在当时社会环境下，还起到了隔离作用，对大桥的保护更加有利。

当年大桥建成通车后即办理了交接，在设计、建设过程中有一些问题考虑不周，加上资金不足等原因，以及后来诸多保养维护问题，一并交给了桥管处。几十年来，桥管处的技术人员和职工对大桥进行

了大小数百次的维护修理和局部改造，完善了大桥的工程配套。如：加宽了铁路桥面的员工走道；大桥彩灯装饰设计与安装；设置基岩标；钢梁涂装的改进；增设铁路引桥上游一侧的照明设备，改进照明灯具；大桥的抗震加固工程，以及设置航标桥涵灯，等等。由于大桥当年建设时严把质量关，加上此后保养维护得力，使大桥任劳任怨数十年超负荷运转，为人民生活和国民经济发展做出了巨大贡献，被誉为“最美桥坚强”。

大桥泛光装饰照明系统的安装与开通。1968 年南京长江大桥建成时，安装了当时堪称一流的照明设施。近万盏色灯组成光的彩练，勾勒出大桥的轮廓；桥面玉兰花造型灯，入夜时分，“花蕾”绽放，受到游人的赞美。然而，这些照明设施毕竟不能形成通体明澈的立体效果，在浓重夜色中，难以显现出大桥的雄伟气势。1988 年 4 月，荷兰埃因侯温市代表团访问南京时，表示由该市飞利浦公司为南京风景点提供

夜色中的正桥钢梁　崔龙龙摄

装饰照明赞助的意向。8 月和 10 月，飞利浦公司委派飞利浦中国香港集团（东南亚控股公司）专家两次来宁，实地考察，初步洽谈了照明装饰工程的技术方案。10 月 31 日，飞利浦中国香港集团总裁西伦先生专程来宁，与省市领导一同认可了所选择的两个风景点：长江大桥景区和夫子庙旅游区。双方确定：由飞利浦公司无偿提供两项工程所需的全部光源和灯具约 1300 套，折合人民币 700 万元，其中大桥 400 万元；由南京市政府负责两个工程照明系统配套的供电线路设计，灯具支架的设计、制造和安装，供电系统的施工、安装等全部费用。大桥管理处具体承担安装施工任务，经多方通力合作，仅用 118 天就完成了包括配供电系统设备的设计改造，灯具钢结构支架设计、制作和安装等全部工程。为了突出立体效果，大桥的泛光照明主要表现了正桥的钢桁架、江中桥墩和桥头堡建筑。根据建筑物的结构与外观色调，分别采用不同功率的金属卤化物灯、高压钠灯、荧光灯和白炽灯。如大堡上的红旗和旗穗，用颜色比较接近的高压钠蒸气射灯做光源，并在灯具上配制红色玻璃，使灯光效果更佳。旗穗则保留了原有的白炽灯光源。钢桁梁外观呈铁灰色，选用了金属卤化物灯的白色光源，其效果同白天看桥时一样。桥头堡区段的建筑物外观主要呈黄色，用了近似的高压钠灯黄白色光源。在桥头堡公路面与平台间，为协调和区分不同结构的色彩，选择了荧光灯的白色光源。大桥泛光灯具的设置充分考虑解决了船舶行驶中的眩光危害问题。采用黑色遮光罩将射向水面的光线和水平光线遮去，有效地保证了航行安全。为了避免开启泛光灯后影

南京长江大桥飞利浦亮灯仪式

响桥涵灯、桥柱灯视觉效果和防止地面高压钠灯产生的高温烫伤游人，设计中都考虑到了安全保障设施。这些灯具的安装在当时是很先进的，晚上将大桥照耀得如天降彩虹。1990 年 11 月 10 日，南京市与荷兰飞利浦公司合资的华飞彩色显示系统有限公司全面建成投产，南京长江大桥泛光装饰照明亮灯庆典与华飞投产剪彩仪式同日一道举行。国务委员兼国家计委主任邹家华、荷兰驻华大使杨乐兰、国务院有关部门和江苏省、南京市的领导，以及香港部分金融家、企业家，飞利浦公司在宁专家等 400 多人出席了大桥泛光照明系统的亮灯庆典。

1992 年 11 月 25 日，“高沟大曲”的广告牌高高挂上了大桥南引桥 40 根玉兰灯柱。这是广告第一次“荣登”大桥。南京市交警部门很快找到大桥管理处：“大桥做广告影响交通安全，必须在一个月内拆下！”不到一个月，广告牌被拆下扔进仓库。大桥管理处认为桥老了，维修费要几千万元，可他们的办公经费每年只有区区 60 万元。大桥管理处召开职工大会，大家一致同意发展广告业，“以桥养桥”，而南京交警部门坚决不同意大桥打广告。大桥管理处上书南京市政府：春节前，如果此事还不解决，他们将把广告牌重新挂上。南京市政府答复，大桥可以登广告，但范围和内容得有所限制。《中国青年报》于 1993 年 2 月 5 日刊发《南京长江大桥能不能做广告》一文，引发南京市民乃至全国一片热议。这座凝聚了几代中国人民族感情的“政治桥”“争气桥”，到底可不可以承载广告？此后不久，数不胜数、五花八门的广告牌将大桥上的“三面红旗”“工农兵雕塑”围得水泄不通。各种广告全面彻底“入主”大桥。然而，“广告是大桥上严重的视觉污染，请还大桥原有历史风貌”的呼声一直不断。2006 年，南京市容局大规模地拆除桥上的广告，255 块灯箱广告全部被拆。2007 年，桥上的广告又“卷土重来”……今天，维修一新的大桥能不能挂广告？在哪些地方，登什么广告？人们怀着复杂的心情拭目以待。

2016 年 10 月 28 日，已连续服役 48 年的大桥将进行长达 27 个月的维修，铁路桥照常通行，主要是把原来的公路桥混凝土桥面板换成了钢结构桥面板，这就意味着行人、非机动车和机动车均暂别大桥。公路桥封闭前，很多南京市民纷纷前来和几十年休戚与共、朝夕相处的大桥告别、留影，各种媒体（新媒体、自媒体、传统媒体）纷纷跟踪报道。

据记载，大桥当初的设计流量是每天 58000 辆车，1968 年底刚刚通车时，流量还远达不到 10000 辆。20 世纪 80 年代中后期，流量达到了设计标准。此后，随着私家车增多，大桥的负荷成倍增长。最大流量出现在 2015 年底，扬子江隧道通车之前，每天高达 91000 辆。尽管南京市交通部门采取了管制措施，包括禁止货车通行、禁止外地牌照车辆上桥等，但车流量仍居高不下。直到大桥封闭维修之前，测算的流量仍有每天 83000 辆。

长期超负荷运营，使大桥中修、小修不断，屡修屡坏，屡坏屡修。从 20 世纪 90 年代以后，比较大的维修共有 13 次，主要任务是在保证交通正常的前提下，对某一部位进行比较深入的维修。如对路面进行铣刨、重建。然而，这些都“治标不治本”。南京老百姓有句俗话：“汽车跳、大桥到”。路面的频繁维修，也给伸缩缝造成了损害，伸缩缝和路面之间的高差由此产生，造成汽车在行驶过程中不停颠簸。南京市公共工程建设中心副主任郭建说：“我几次经过大桥，特地数了一下，从两边的引桥开始，大概是 121 条伸缩缝，跳了 121 次，基本上这个桥才算过去了。”

大桥运行几十年来，最大的威胁还是结构性破坏。南京市公共工程建设中心工程二处处长庞建国说：这次维修前，专业部门对大桥进行全面检测，再结合上海铁路局和南京市政府对大桥做过的历次检测，都表明结构上的损害已经严重威胁到桥梁结构的安全。如引桥的双曲拱桥段，这种结构是在当时材料匮乏、施工手段落后的情况下，由中国建桥人自主创造的一种既省材料、施工又便捷的桥型。这种桥型缺点是整体性较差、承载能力有限。经过 48 年的使用，许多双曲拱的拱

维修中的南京长江大桥

圈都出现了纵向开裂，裸露出来的钢筋锈蚀严重；拱波也出现了断裂、混凝土掉渣，使承载能力进一步下降，部分双曲拱的桥跨按照交通部的评定，已经达到 5 级危桥、险桥，必须要拆除重建；引桥上的结构性损害还包括 T 梁桥部分的支座变位。此外，正桥部分也出现了结构性损害，原有的轻质陶粒混凝土桥面（当年是一项重要发明创造）板经过长期超负荷的使用，出现了很多裂纹，近年还有快速增加的趋势。如果任其发展，很可能会出现桥面板塌陷、断裂的情况，后果不堪设想。以及还有一些耐久性损害也不容忽视。包括钢结构的局部锈蚀，螺栓连接失效，混凝土结构的开裂、掉块，以及桥面铺装层沥青混凝土出现坑洞，排水系统失效导致桥面积水、铺装层剥落等情况。还有一些陈旧性损害，主要体现在桥头建筑和路灯、栏杆一些附属设施上。如桥头堡建筑褪色，墙皮开裂、掉落，路灯和整个桥头建筑的亮化设备

失效、漏电、支架脱落，桥栏杆因为热胀冷缩导致接头部分开裂，人行道路面磨损，南堡、北堡建筑的玻璃大部分破碎，内部设施年久失修、陈旧不堪等。

对大桥全面维修的呼声一直很高，但长久以来只闻雷声未见雨。主要原因，首先是要想全面、彻底地进行维修改造，必须要对周边的交通进行分流。由于前几年过江通道数量有限，大桥作为最主要的通道，无法实现交通全封闭，只能超负荷使用。随着南京过江通道建设规模的扩大，现在已有 4 座跨江大桥、两条机动车过江隧道、地铁 3 号线和 10 号线、两座铁路桥，还有板桥汽渡和中山码头轮渡，共 12 条过江线路，为大桥的全封闭维修提供了较为成熟的交通分流条件。其次，大桥的产权原隶属于铁路部门，经过南京市政府和上海铁路局及上级主管部门的商讨，2016 年 8 月 3 日，大桥公路桥正式由上海铁路局移交给南京市政府。移交后，公路桥部分的日常管养和维修转由南京市交通运输局接手，这也为此次大桥全面封闭维修提供了契机。

众所周知，南京长江大桥在中国桥梁史乃至世界桥梁史上具有里程碑意义，并且随着时间的推移，其价值正得到越来越多的认可：1985 年，南京长江大桥和“两弹一星”共同获得国家科技进步特等奖，2014 年 7 月入选不可移动文物，2016 年 9 月入选“首批中国 20 世纪建筑遗产名录”，2018 年 1 月入选“第一批中国工业遗产保护名录”。

参与这次维修的单位可谓群英荟萃，正桥部分由中铁大桥勘测设计研究院设计，两侧的引桥部分由东南大学建筑设计研究院交通分院设计，文物的保护性修缮工程由东南大学建筑设计研究院设计。几家单位秉承的基本指导思想是：维持原设计荷载等级、保持原桥外形风貌、提高结构安全耐久性。

对大桥 1576 米的正桥部分，上部结构将进行全面的更新改造，原有的轻质陶粒混凝土桥面板将被全部拆除，以目前工艺较为成熟、耐久性较有保障的正交异性钢桥面板替代。根据计算，正交异性板和大桥原有的荷载标准、自重相差无几，可以保证原有的受力状态、受力体系不受影响。这一结构上的大飞跃，最大的好处是不会再出现混凝土板掉落小块影响铁路安全，还有就是将原来有 50 道伸缩缝改造到只有 5 道，大大提高了行车的舒适性，不会再出现“跳车”现象。

对引桥的维修，由于引桥 T 梁部分工作状况较为良好，维修将以常规维护、改善行车舒适性为主，维持原结构简支体系不变。另外，对变形较大的支座将进行梁体顶升、全断面更换。引桥的双曲拱桥一直被视为大桥最有中国风情的特色设计，经现场检测及查看，虽然原结构存在较多病害，但拱肋未见明显破坏。此次改造将对主要构件加固后，更换拱上填料，原先的三合土填料已经松散，坑洞、渗漏非常严重，这次将更换成泡沫混凝土这种新材料。和原来的三合土相比，泡沫混凝土从性能上基本接近，防水性、耐久性、强度有所提高，完全可以满足使用要求。

桥头堡是南京长江大桥的标志性建筑，但在经历多年的风雨侵袭，红旗雕塑、桥头平台、桥塔望台均不同程度破损。此次维修，将在保持原有风貌的基础上进行翻新改造。现有的围栏将全部更换，人行道尺寸不变，对防护设施进行优化。大桥原设计中，行车道与人行道之间并未设置防撞设施，仅将缘石增高至 30 厘米，还不足车轮高度的一半。随着车流量的与日俱增，安全隐患日益突出。为解决这个问题，相关部门后来在缘石顶面加设了一道钢扶手。此次维修改造将保留该防撞体系，并优化其构造尺寸。原来的玉兰花灯安置在人行道范围内，侵占了行人及非机动车的通行空间。本次维修将原来的混凝土灯柱更换为钢结构，并缩减灯座尺寸，将其挪到机动车与人行道中间的防撞设施上，保持玉兰花灯饰造型不变，对 299 盏玉兰花路灯一一编号，拆解运送到恒温恒湿仓库，维修中路灯杆喷涂了三遍无色透明的纳米级硅酸盐养护修复增强剂，高压钠灯光源改为LED光源，不但原样修复，还增强照明。同时对堡内供电系统进行改造。桥头堡的水刷石外墙空鼓渗漏，水刷石是20世纪60年代最好的外墙工艺，维修人员先后进行了30多次配比实验，才找到了和原外墙一致的参数。

这次对公路桥面维修，是在铁路不间断运营、长江航道不间断通航的情况下进行的，因此，施工安全尤为重要。正桥的维修是在铁路桥每天300对列车和长江航道每天1500艘船只正常运行的情况下，对原有设施进行更换、新建。经过多方研究，决定采取棚架施工的措施，即在铁路接触网上方和即将要拆除的公路纵梁桥面板中间，做一个隔离层棚架。一方面起到公路桥与铁路桥、长江航道的物理隔离作用，同时，也为公路桥的设施改造提供作业操作平台。棚架由多层组成，一层为防坠落网，一层是抗冲击木板，木板上层用薄不锈钢钢板搭建的防水、绝缘层，主要是防止上部施工的建筑废物、废水和焊渣掉入铁路桥和长江江水中。施工时，必须在铁路不通行的情况下进行，也就是俗称的“天窗点”。这个“天窗点”在每天的运行图上，很难找到较为集中的时间。每天上下午各有一次，总时长仅90分钟左右，除去准备和清理的时间，真正留给施工的时间仅有1个小时。为了在短时间内达到最高效率，施工单位在现场做了一比一的模型，先让工人模拟操作如何在桁架内穿针引线，在熟练工序、安全可控的前提下进场施工。

对大桥引桥的拆除和维修也是“步步惊心”。引桥部分北面有4孔双曲拱，南面有15孔，回龙桥有12孔。很多工程案例表明，双曲拱桥在卸载的过程中，很容易发生由于控制不当，造成整体的连锁性垮塌。双曲拱的受力体系是相互关联的，在施工过程中必须要做到对称施工、均匀施工。如果说哪一个地方受力不均匀，可能会发生内部应力的突变，一孔垮掉之后就会引发多米诺效应，整个拱全部垮掉。在双曲拱的拆除过程中，他们采用了最为耗时、耗力的层层拆除的方式，随时跟踪了解受力的变化，避免任何一个点上发生受力的偏差。

对大桥文物修缮部分，严格遵守文物保护法，尊重历史，做科学合理的保护，要最大限度地保证文物的原真性和完整性，同时对其组成部分不做增删。文物修复要注重使用材料的兼容性、可逆性和可识别性，要认识到科学发展的时代局限性，给未来文物的保护修复留下可操作空间，也就是一方面要在传统工艺方面做一些传承，另一方面要进行创新。如维修“三面红旗”，有人提到“三面红旗”的旗尖是金粉色，并不是很多人说的银白色，还有桥头堡外立面所用石子的颜色和大小都经过精心挑选，做了 30 个不同的小样，一次次比对、反复实验，才确定最终方案红旗主色调为红色、旗尖和飘带为金粉色，桥头堡群雕外立面是肉粉色等。这些细节都要经过反复考证，才能做到修旧如故。

大桥铸铁护栏一共镶嵌了 202 块铸铁浮雕，其中有一块已经散失。散失的是什么图案的浮雕？据考证，在大桥 202 块铸铁护栏浮雕中，有 98 块向日葵镂空浮雕、98 块风景浮雕和 6 块五星齿轮谷穗的“工农兵”浮雕，其中 98 块风景浮雕中有 20 种不同类型的，画面内容为祖国山河风貌。维修者对它们进行一一编号，发现除了“抚顺煤矿”“东北森林”“草原牧马”只有 4 块外，其他每种浮雕各有 5 块。而且这些浮雕排列有规律可循，即一块风景主题与一块镂空向日葵之间，间隔 3 个 4 米的标准节，一实一虚排序，还有一个细节就是上下游两端靠近桥头堡的 20 块浮雕均按照同一顺序排列，而中间 9 块浮雕则随机排序，那个缺失的栏杆位于下游侧从北往南第十二块浮雕的位置，曾遭受汽车撞击。根据以上规律，他们判断，缺失的浮雕应该是“草原牧马”浮雕，后来找到的竣工图也证实了这个推论。大桥的铸铁浮雕是由当时的南京晨光机器厂承制的，当年这些浮雕的模板都是用木头雕刻出来的。可“草原牧马”浮雕的母版已经找不到了，只好将现场保存最完好的那块进行扫描，然后采用 3D 打印技术制作出模板，重新铸造。

担负引桥维修的吴俊明说："这是一个历史责任，48 年以来首次大规模维修，我们必须认认真真把它修好，因为下一次维修可能就要到我们的孙子辈了。"南京市公建中心的庞建国说："我们的目标是 100 年，之前它已经使用了近 50 年，我们希望主体结构在正常养护的条件下，再用 50 年不做大的改变和修理。"

这是大桥精神在新时代的继承和发扬，是大国工匠精神在时代激流中的彰显。

2018 年 12 月 29 日，在大桥建成通车五十周年之际，它以更加壮丽雄伟的英姿，与翘首以待的人们来一场激动人心的久别重逢。重新恢复通车前几天，公路桥面开放，桥上如繁华街市，人头攒动，笑声阵阵，人们在上面漫步畅游拍照，抚摸每一块浮雕。往后的日子大桥又将回归到长年累月默默无闻的忙碌，人们将习惯拥有，熟悉与它相伴的每一个晨昏。

南京长江大桥，近在咫尺而又遥远的桥，联通大江南北，融入人们日常生活，通向诗与梦的远方！

注：本文大多依据采访资料，同时参考引用《跨越天堑》（东南大学出版社 1996 年版），《下关古今》（南京市下关区文史资料），《南京长江大桥技术总结》《南京长江大桥新闻通讯集》《桥梁》（2017 年第 4 期）原南京军区军史资料等。图片资料由江苏省档案馆、南京市档案馆、新华报业集团、中铁大桥局等单位提供。

后 记

2016 年 7 月，在军改的嘹亮号角中，我脱下穿了整整 26 年、几乎融化成肌肤的军装。几经周折，我被组织安置到江苏省政协文化文史委办公室工作。2017 年初军转培训结束，上班伊始，领导交给我的第一项任务就是编撰《南京长江大桥——亲历、亲见、亲闻实录》一书，因为 2018 年 12 月是南京长江大桥建成通车 50 周年，江苏政协（文史委员会）当时已将该书的编纂出版列入重点工作计划。我在原第 12 集团军“临汾旅”服役时，曾用纪实手法撰写过 12 集团军军史，历经数年，辗转北京、上海、成都、合肥、徐州、蚌埠、芜湖等地，采访过几百位参战老兵，听他们回忆枪林弹雨、血雨腥风的厮杀，讲那个年代一些“熬烂脑壳”也无法想象的喜怒哀乐，创作出版长篇纪实《战斗在朝鲜》《上甘岭 43 昼夜》等书，由于采访功夫做得实，原材料好，社会反响还“凑合”。这段经历是我军旅生涯的财富，也是我一生的财富。也正是因为有这份“修炼”打底，我当即答应：没问题！加上军人服从命令的作风已养成，我也只能回答这三个字。“没有条件，创造条件也要上！”“面对上级交给的任务只能答：到！是！”这是军人的信条。就这样，我在人生的转折点上和这项伟大的世纪工程开始“亲密接触”。

开展工作后，发现远不是我想象的那样，编纂实录只是工作之余的附带，日常的文稿、会务、调研、总结、接待等“常规项目”得正常进行，也就是说要挤时间、利用业余时间编书；其次是查找资料，寻找采访线索、联系采访对象，包括吃住行等全靠自己想办法解决（事先没有经费，唯一的名头就是已经立项了）。骨感的现实让我这个摸爬滚打出来的“基层老野（野战部队）”，又有“野外生存”“夜间找点”梦回吹角连营的感觉。一切靠自己！领导只告诉你一句“把信送给加西亚”，至于“加西亚”在哪儿，怎么走？自己想办法。为此，我先后赴武汉、上海等地采访收集资料，多次参加南京周边地区的老桥工聚会，惭愧的是我只能和他们一起高高兴兴地“抬石头”，不能请他们撮一顿，以表达敬意。

由于实录一书系江苏省政协文化文史委编，集多位专家及办公室同仁的努力与智慧，只能严格按照政协编撰“三亲（亲历、亲见、亲闻）”史料办法，于是一些鲜为人知的历史背景，加上我采写的一些文章不能收录其中；还有实录是一篇篇文章汇编，就某一件事难免有重复描绘，且从纯技术、数据方面表述较多。同时，我了解到至今仅有“文革”时期由南京长江大桥工人写作组编写的报告文学集《南京长江大桥》，以及《毛泽东思想的凯歌——南京长江大桥新闻通讯集》《南京长江大桥技术总结》等几本书从某个角度记录大桥建设，而没有一部全面、完整地反映大桥建设的书。于是我萌发创作长篇纪实文学《天堑变通途——南京长江大桥纪实》，决心从人物入手，以时间为轴，有故事有细节有情感有思考，多视角全景式地展现南京长江大桥建设，让读者能饶有兴趣、一气呵成读下去，让更多的人读懂大桥，了解那段历史。

我采访创作这部作品历时近三年，期间得到很多单位和个人的热情关心和大力支持，在此一并致以诚挚谢意！感谢江苏省档案馆、新华报业集团、南京市档案馆、南京市政协教卫文体（文史）委员会、中铁大桥局等单位提供资料；感谢南京市文联及诸位评委让本书有幸入选南京市第二十届重点扶持作品；感谢栖霞区文联将此书作为重点文艺创作项目；感谢南京市出版社让它能与读者见面。感谢谢波、杨桦、苏炳根、任凤鸣、苏正茂、薛春刚、周云峰、巫勇、杨洪建、王伟、朱天乐、鲁安东、武学沪、苏伧、马永红、张跃定、张颖、杜巍等等的真诚无私帮助。

由于笔者水平有限，书中如有疏漏或不当之处，敬请专家和读者批评指正。

刘跃清

2019 年 6 月 28 日